VINGTIÈME
XX

W9-BGQ-434

Louis Malle

Au revoir, les enfants

Notes et activités par
Lidia Parodi et Marina Vallacco
Professeurs certifiés de Langue et Littérature Françaises

© 1987 Éditions Gallimard
© 1998 Cideb Editrice, Genova, pour la présente édition

Rédaction : Patricia Ghezzi
Conception graphique : Nadia Maestri

Première édition : mai 1998

10   9

Illustrations : Bibliothèque Nationale, Paris.

Pour toute suggestion ou information la rédaction peut être contactée :
redaction@cideb.it
www.cideb.it

CISQ CISQCERT
TEXTBOOKS AND
TEACHING MATERIALS
The quality of the publisher's
design, production and sales processes has
been certified to the standard of
UNI EN ISO 9001

ISBN 978-88-7754-400-1

Imprimé en Italie par Litoprint, Genova

Au revoir,
les enfants

Louis Malle.
(J. Robert / © Gallimard)

Introduction

L'auteur

Né à Thumeries, dans le Nord, Louis Malle (1932-1995) consacre sa carrière au cinéma. Assistant du commandant Cousteau sur la célèbre Calypso, il réalise avec lui le film *Le Monde du Silence*, en 1955. Par la suite, il est auteur et réalisateur de nombreux films, parmi lesquels : *Les amants* (1958), *Zazie dans le métro* (1960), *Viva Maria* (1965), *Le voleur* (1966), *Le souffle au cœur* (1970), *Lacombe Lucien* (1974), *Au revoir, les enfants* (1987), couronné à Cannes, et *Milou en Mai* (1990). Louis Malle a également publié le scénario de certains de ses films, comme par exemple *Au revoir, les enfants* et *Milou en Mai*.

L'œuvre

Dans ce livre, Louis Malle évoque l'expérience qui a peut-être décidé de sa vocation de cinéaste. Dans un collège catholique français, pendant la Deuxième Guerre mondiale, des enfants se rencontrent et se lient d'amitié, enfermés dans un monde apparemment à l'abri des horreurs du conflit. Mais l'écho de la guerre se fait entendre de façon de plus en plus forte, jusqu'au jour où les nazis font irruption dans ce refuge.

À travers le souvenir d'un épisode de son enfance, Louis Malle évoque une histoire à la fois personnelle et universelle, dont la valeur intemporelle fait sentir de façon encore plus poignante l'horreur de l'holocauste.

Dessin de Fernand Léger.

1.

Gare de Lyon, 3 janvier 1944.

Une femme de quarante ans et un garçon de douze ans se tiennent devant un wagon en bois, de ceux qui avaient une porte par compartiment. Ils se font face, immobiles dans le flot des voyageurs.

Il est habillé de culottes courtes, d'un chandail [1] bleu marine et d'une cape [2] noire.

Elle porte un chapeau compliqué et une fourrure de la guerre qui lui arrive aux genoux. On voit qu'elle se maquille trop vite : une joue [3] est plus rose que l'autre, le rouge déborde de ses lèvres.

LA MÈRE

Julien, tu m'as promis.

---

1. **Chandail** (m.) : pull-over.
2. **Cape** (f.) : manteau ample et sans manches.
3. **Joue** (f.) : partie latérale du visage entre le nez et l'oreille.

JULIEN (*tête baissée*)
Je ne pleure pas. Pas du tout même.

LA MÈRE
Je viendrai vous voir dans trois semaines.
Et puis vous allez sortir pour le Mardi gras.
Tu verras, ça va passer très vite.

Julien relève la tête. Ses yeux brillent.

JULIEN
Pourquoi dites-vous ça ? Vous savez très bien que ça
ne va pas passer vite.

LA MÈRE
Ton père et moi nous t'écrirons souvent.

JULIEN
Papa, je m'en fous. Vous, je vous déteste.

*Derrière eux, deux garçons escaladent la portière
avec leurs sacs à dos.*

LES GARÇONS
Salut, Quentin… Mes hommages, madame…

LA MÈRE
Bonjour, bonjour…
Tu es quand même content de retrouver tes
camarades.

JULIEN
Ah oui, Sagard ! Quel crétin celui-là. Je ne peux pas
le sentir.

Elle rit. Il se jette contre elle et l'étreint, éperdument.

On entend un sifflement, des appels. Le contrôleur agite son drapeau.

Un garçon de seize ans les rejoint.

LE GARÇON

Encore en train de vous faire des mamours [1].

Mon petit Julien, tu ne veux surtout pas manquer le train, un bon élève comme toi.

Il fume une dernière bouffée et jette son mégot [2].

LA MÈRE

François, je te défends de fumer.

FRANÇOIS

C'est pas du tabac, c'est de la barbe de maïs. Ça ne compte pas... Au revoir, maman. Soyez sage.

Il embrasse sa mère et rejoint un copain qui l'attendait.

La mère s'agenouille devant Julien et lui donne un baiser sur la joue.

Le rouge laisse une trace ovale bien nette.

LA MÈRE

Allez, monte.

---

1. **Mamours** (m. pl.) : démonstrations de tendresse.
2. **Mégot** (m.) : bout de cigarette ou de cigare qu'on a fini de fumer.

Elle l'entraîne vers la porte du compartiment, mais il se retourne et se serre contre elle, le plus fort qu'il peut, les bras autour de son cou, le nez dans son corsage.

Elle chuchote [1], en lui caressant la nuque :

LA MÈRE

Et moi ? Tu ne penses pas à moi ? Tu crois que c'est drôle ? Tu me manques à chaque instant. J'aimerais me déguiser en garçon et te suivre dans ton collège. Je te verrais tous les jours. Ce serait notre secret...

La voix de la mère est couverte par le sifflement d'un train en marche.

2.

La vitre du train est givrée [2]. Une fumée noire de charbon dilue l'image par moments. On entend peiner la locomotive. Julien regarde le paysage d'hiver qui défile. Derrière lui, trois garçons de son âge se battent, grimpent sur les sièges, se suspendent aux porte-bagages comme des singes.

Julien, dans la vitre, voit la trace de rouge sur sa joue. Il l'efface, machinalement, du revers de la main. Il y a de la douceur maintenant dans son expression. Il pleure.

1. **Chuchoter** : parler bas, susurrer.
2. **Givré** : couvert de gelée.

3.

Le vieux quartier d'une petite ville d'Île-de-France. Une quarantaine de garçons remontent la rue en désordre, chantant une chanson scoute. Ils sont tous habillés comme Julien. Les sacs à dos bourrés [1] font une bosse [2] sous leurs capes. Les semelles de bois de leurs bottines claquent sur le sol. Deux soldats allemands désœuvrés [3] s'arrêtent pour les regarder passer.

Un jeune moine en bure [4] marron, rondouillard [5] et sympathique, marche et chante avec eux. Le Père Michel, que les élèves appellent entre eux « la mère Michel », a les pieds nus dans des sandales.

LE PÈRE MICHEL
Bonjour Julien. Vous avez passé de bonnes vacances ?

JULIEN *(renfrogné)*
Oui, mon Père.

LE PÈRE MICHEL
Vos parents vont bien ?

JULIEN
Oui, mon Père.

1. **Bourré** : plein.
2. **Bosse** (f.) : protubérance.
3. **Désœuvré** : qui ne fait rien, inactif.
4. **Bure** (f.) : étoffe grossière de laine brune.
5. **Rondouillard** : grassouillet.

Le garçon à côté de Julien, Babinot, zézaie [1] :

BABINOT

Qu'est-ce qu'ils t'ont donné pour Noël ?

JULIEN

Des bouquins.

BABINOT

Seulement des bouquins ?

JULIEN

Oui.

BABINOT

Les vaches.

Ils rentrent dans un portail grand ouvert sur une cour.

On lit sur une plaque : « Couvent des Carmes. Petit Collège Saint-Jean-de-la-Croix ».

4.

Le dortoir des petits était autrefois une chapelle. Chaque élève a un casier dans les placards le long des murs, où ils rangent leurs affaires. Il y a une trentaine de lits. Dans un angle se trouve une boîte en bois, où couche Moreau, un jeune surveillant sans autorité. Les élèves se moquent de lui mais le trouvent « sympa ».

---

1. **Zézayer** : prononcer un *z* ou un *s* à la place d'un *j* ou d'un *ch*.

Julien, en pyjama, sort de son sac des confitures et un kilo de sucre. Il va les mettre dans son casier quand Ciron, un grand échalas [1], s'empare d'un pot de confitures.

CIRON *(prenant un accent allemand)*

Ach. Marché noir, monsieur Quentin. Che vous arrête. Vos confitures, che les confisque.

Julien le poursuit, le jette sur un lit et reprend son bien.

Il passe devant quelques garçons – dont deux jumeaux – qui se tiennent autour d'un gros poêle [2] à bois, le seul chauffage du dortoir. Ils regardent une photo en chuchotant.

Julien prend la photo et y jette un coup d'œil.

JULIEN

Elle a même pas de nichons [3].

UNE VOIX *(près de la porte)*

Gaffe ! Babasses !

« Babasses », dans l'argot du collège, désigne les moines.

Le Père Jean, directeur du collège, un homme de quarante ans au visage ascétique, et le Père Hippolyte entrent dans le dortoir avec trois garçons qui n'ont pas l'uniforme du collège. Le plus jeune porte un manteau beige trop petit pour lui. Le Père Jean le conduit jusqu'au lit à côté de Julien.

---

1. **Un grand échalas** : une personne grande et maigre.
2. **Poêle** (m.) : appareil de chauffage.
3. **Nichon** (m., pop.) : sein de femme.

Chaque élève y va de son « Bonjour, mon Père »
respectueux.

LE PÈRE JEAN

Ce lit est libre ?

MOREAU

Oui, mon Père. Depuis que d'Éparville a eu la
coqueluche [1].

LE PÈRE JEAN

Mettez-vous là, mon petit.
Mes enfants, je vous présente Jean Bonnet, votre
nouveau camarade.

Dans un geste surprenant, il baise le front de
Bonnet.

LE PÈRE JEAN

Monsieur Moreau, vous lui trouverez un casier.
Bonsoir, les enfants.

LES ÉLÈVES

Bonsoir, mon Père.

À la porte, le Père Jean rejoint les deux nouveaux
plus âgés et le Père Hippolyte. Dès qu'ils sont sortis,
Bonnet reçoit un oreiller en pleine figure, suivi de
plusieurs autres. En même temps fusent [2] les fines
plaisanteries : « Bonnet de nuit, Bonnet d'âne... »

---

1. **Coqueluche** (f.) : maladie contagieuse caractérisée par des
quintes de toux convulsive.
2. **Fuser** : sortir, jaillir.

MOREAU

Fichez-lui la paix [1] et déshabillez-vous.

> *Il montre un casier vide à Bonnet.*
> *Les élèves enfilent pyjamas ou chemises de nuit.*
> *Bonnet défait son sac. Il en sort plusieurs livres qu'il*
> *pose sur son lit. Se retournant, il voit Julien qui*
> *l'observe.*

BONNET

Comment tu t'appelles ?

> *Julien ne répond pas. Il prend un des livres de*
> *Bonnet.*

JULIEN *(lisant)*

« Les Aventures de Sherlock Holmes. » *(Il prononce*
Holmesse.)

> *La lumière s'éteint brusquement. Cris, rires.*

MOREAU

C'est juste une coupure. Mettez-vous au lit.

> *Julien et plusieurs élèves ont des lampes de poche.*
> *Un garçon applique sa lampe sous son visage qui*
> *semble éclairé de l'intérieur. Il saute sur place et*
> *pousse des cris rauques.*
> *Julien s'avance très près du visage de Bonnet.*

JULIEN

Je m'appelle Julien Quentin et si on me cherche on
me trouve.

---

1. **Fichez-lui la paix** (fam.) : laissez-le tranquille.

15

Tout le monde se couche. Bonnet, encore habillé, regarde la grande statue de la Vierge contre le mur en face de lui.

Julien prend un livre sur sa table de nuit, s'enfonce sous les draps et, s'éclairant avec sa lampe de poche, cherche sa page.

5.

Le matin. Les élèves font semblant de se laver. Ils se mouillent [1] à peine les cheveux, s'ébrouent [2], dansent d'un pied sur l'autre.

Bonnet constate que du robinet de son lavabo, situé contre la fenêtre, pend une stalactite d'eau gelée. Il la casse et la pose délicatement sur le rebord [3].

Il ouvre le robinet du lavabo d'à côté. Rien ne sort pendant quelques secondes, puis un jet d'eau glacée l'éclabousse [4]. Il saute en arrière, pousse un cri.

BONNET

Y a pas d'eau chaude ?

BOULANGER

Non, y a pas d'eau chaude. On n'est pas des mauviettes [5].

---

1. **Mouiller** : rendre humide avec de l'eau ou tout autre liquide.
2. **S'ébrouer** : se secouer pour se débarrasser de l'eau.
3. **Rebord** (m.) : bord en saillie ; ici, bord d'une fenêtre.
4. **Éclabousser** : mouiller, arroser.
5. **Mauviette** (f., fam.) : personne délicate, sans force.

Boulanger, un garçon très corpulent, prend la stalactite et la lui glisse dans le col de la chemise.

6.

Tous les élèves du collège sont debout dans les travées de la chapelle, écoutant le Père Jean qui lit l'Évangile, à l'autel, en robe d'officiant. Quelques moines se tiennent dans des stalles en bois.

Boulanger semble mal à l'aise. Il oscille, comme pris de vertige. Il porte sa main à son visage, plusieurs fois.

VOIX DU PÈRE JEAN

En vérité, en vérité, je vous le dis, si vous ne mangez la chair du Fils de l'homme et ne buvez son sang, vous n'aurez pas de vie en vous.

Brusquement, Boulanger vacille et tombe en arrière, évanoui, une chute spectaculaire.

Moreau se précipite et, avec l'aide d'un jeune moine, le relève et l'entraîne hors de la chapelle.

Ils passent devant Bonnet assis au dernier rang avec un grand aux cheveux frisés et un rouquin [1]. Les trois nouveaux.

François, assis à côté de Julien, commente :

1. **Rouquin** (m.) : qui a les cheveux roux.

17

FRANÇOIS

On n'a rien à bouffer [1], on crève [2] de froid, mais il faut être à jeun [3] pour communier. Quelle boîte...

JULIEN

Tu vas communier ?

FRANÇOIS

Je suis pas un lèche-cul comme toi.

> *Le Père Jean a repris, comme si cet incident était une routine.*

LE PÈRE JEAN

Qui mange ma chair et boit mon sang a la vie éternelle et je le ressusciterai au dernier jour. Car ma chair est vraiment une nourriture et mon sang vraiment une boisson. Qui mange ma chair et boit mon sang demeure en moi et moi en lui.

> *Un claquement de mains. Les élèves s'agenouillent et entonnent le chant d'offertoire.*
> *Julien oscille d'un genou sur l'autre, le visage douloureux.*

FRANÇOIS

Qu'est-ce que tu as ?

JULIEN

Des engelures [4], au genou.

---

1. **Bouffer** (fam.) : manger.
2. **Crever** (fam.) : mourir.
3. **À jeun** : sans avoir rien mangé.
4. **Engelure** (f.) : gonflement douloureux et lésion des mains et des pieds causés par le froid.

FRANÇOIS *(péremptoire)*

Il faut boire du calvados [1].

7.

La classe de quatrième. Les élèves sont une quinzaine. Plusieurs, dont Julien, portent des gants de laine, qu'ils garderont pour écrire. M. Tinchaut marche de long en large, son manteau sur les épaules. Julien, debout à sa place, lit, vite et très mal.

JULIEN

« Étoile de la mer, Voici la lourde nappe

« Et la profonde houle [2] et l'océan des blés

« Et la mouvante écume [3] et nos greniers comblés,

« Voici votre regard sur cette immense chape

« Et voici votre voix sur cette lourde plaine

« Et nos amis absents et nos cœurs dépeuplés

« Voici le long de nous nos poings désassemblés

« Et notre lassitude et notre force pleine.

« Étoile du matin, inaccessible reine... »

M. TINCHAUT

Quentin, vous êtes mûr pour la Comédie-Française. Vous pouvez nous rappeler qui était Charles Péguy ?

JULIEN

Il a été tué à la guerre de 14.

1. **Calvados** (m.) : eau-de-vie de cidre.
2. **Houle** (f.) : mouvement ondulatoire qui agite la mer.
3. **Écume** (f.) : mousse blanchâtre qui se forme à la surface de la mer.

M. Tinchaut

Bien. Mais vous commencez par la fin.

Julien

Sa mère était rempailleuse [1]. *(Quelques rires.)*

M. Tinchaut

Ne riez pas bêtement. La mère de Péguy était une femme très méritante. ~ dessins

Il va vers Bonnet.

M. Tinchaut

Monsieur Bonnot, vous savez quelque chose sur Charles Péguy ?

Bonnet

Non, monsieur. Et je m'appelle Bonnet.

Babinot

Comme Dubo, Dubon, Dubonnet.

Tous les autres reprennent en chœur.

M. Tinchaut

Très spirituel, Babinot. Pour vous remettre dans le bain après les vacances, vous allez commenter les deux premières strophes du poème. Vous avez une demi-heure.

Les élèves se mettent au travail. Julien écrit quelques lignes, puis s'arrête. Tête levée, il rêve un moment. Son regard se porte sur Bonnet.

---

1. **Rempailleuse** (f.) : femme qui remplace la paille des sièges.

Celui-ci écrit rapidement, très concentré. Il porte sa main gauche à son oreille, plusieurs fois.

On entend une voix dehors. Bonnet lève les yeux brusquement. Julien suit son regard.

voix autour

Dans la cour, un très jeune soldat allemand, tête nue, est en train de parler à un moine.

Bonnet se remet à écrire.

Julien prend son compas. Il pique le dos de sa main avec la pointe, plusieurs fois, jusqu'à ce qu'il saigne.

BOULANGER *(son voisin)*

T'es fou.

JULIEN

Ça ne fait même pas mal.

Bonnet le regarde.

8.

Grands et petits sont en récréation dans la cour du collège. Plusieurs élèves battent la semelle contre le mur en conversant. D'autres font de la barre fixe sous la direction du professeur de gymnastique.

Au milieu de la cour, une vingtaine d'élèves de tous âges, montés sur des échasses [1], essaient de se faire tomber les uns les autres. En principe il y a deux camps, mais le jeu se réduit à une série de combats individuels. C'est très brutal, les chutes

---

1. **Échasse** (f.) : chacun des deux longs bâtons munis d'un appui pour les pieds que l'on utilise pour marcher à une certaine hauteur du sol.

sont douloureuses sur le sol gelé. Le Père Michel joue avec les élèves, essayant de mettre de l'ordre, mais il vacille sur ses échasses, et Julien le fait tomber.

Le Père Michel

Du calme, Quentin, du calme.

À l'abri d'un tas de bois, François et un autre grand, Pessoz, se partagent une cigarette.

Bonnet lit, une épaule appuyée au mur. Cinq élèves de quatrième arrivent derrière lui et l'empoignent. Deux le prennent aux jambes, deux aux bras, et le cinquième lui appuyant sur le ventre, ils lui infligent un tape-cul [1], rituel de bizutage [2]. Bonnet se tortille comme un ver de terre.

Julien tourne rapidement autour d'un adversaire, feinte, charge, crochète les échasses de l'autre. Celui-ci s'écroule.

Julien, poussant des cris de triomphe, lève une échasse en l'air et sautille sur une seule jambe.

Julien

Notre-Dame ! Montjoie ! Je suis Bayard, le Chevalier sans peur et sans reproche.

Un grand

Alors, le petit Quentin, on joue les terreurs ?

Il le charge et lui donne un violent coup d'épaule. Julien, sur une seule échasse, perd l'équilibre et fait une mauvaise chute.

1. **Tape-cul** (m.) : action consistant à soulever quelqu'un par les pieds et les épaules et à lui taper le derrière par terre.
2. **Bizutage** (m.) : cérémonie estudiantine d'initiation des nouveaux élèves comportant diverses épreuves vexatoires.

Il reste à terre, tenant son genou égratigné [1].
Le visage crispé, il se retient de pleurer.

JULIEN

Salaud, Laviron.

Un garçon défie Laviron. Quatorze ans, cheveux noirs crépus [2], costaud [3], on l'avait vu aux côtés de Bonnet à la messe.

LE GARÇON

À moi, lâche, traître, félon. C'est moi Négus, le Chevalier noir, protecteur des faibles et des orphelins.

Quelques cris fusent : « Allez Négus ». « Allez Laviron ».
Un cercle se forme et le combat devient une parodie de joute médiévale.

LAVIRON

Arrière, moricaud [4]. Je suis Richard Cœur de Lion, l'orgueil de la chrétienté. Je vais te bouter [5] hors de Jérusalem, Sarrasin infidèle, fils de chienne.

NÉGUS *(prenant un accent arabe de caricature)*

Allah est Dieu et Mahomet est son prophète.

Tu trembles, monzami. Cœur de Lion, tête de lard, cul de poule, peau de vache...

---

1. **Égratigné** : écorché.
2. **Crépu** : très frisé.
3. **Costaud** (fam.) : robuste.
4. **Moricaud** (fam.) : qui a le teint très brun.
5. **Bouter** : chasser.

> *Il tourne autour de Laviron, puis le charge, en hurlant.*

NÉGUS

Allah, Allah, Allah, Allah...

> *La faconde de Négus amuse la galerie, qui partage ses encouragements entre les deux combattants.*
> *Julien s'est relevé. Bonnet est derrière lui.*

BONNET

Allez, Négus !

JULIEN

C'est son vrai nom, Négus ?

BONNET

Qu'est-ce que tu crois ?

JULIEN *(agacé[1])*

Il a une sale gueule[2]. Tu le connais ?

BONNET

Il s'appelle Lafarge, et c'est mon meilleur ami.

> *Négus, moins solide sur ses échasses, se fait crocheter et tombe. Il se redresse aussitôt, tenant une échasse devant lui comme une lance.*
> *Le Père Michel siffle la fin de la récréation. Les élèves se dispersent à regret.*

LE PÈRE MICHEL

Babinot, dépêchez-vous.

---

1. **Agacé** : énervé, irrité.
2. **Gueule** (f., fam.) : visage.

9.

Julien est assis sur la grande table de la cuisine. Mme Perrin, une grosse dame très maternelle, toujours entre deux vins, lui lave le genou et met du vinaigre sur la plaie [1].

Julien pousse un hurlement.

MME PERRIN *(elle a un accent du Nord)*

Ça ne fait pas mal du tout. Tiens-toi tranquille, que j' te mette un sparadrap [2]. Vous allez vous tuer avec ces échasses. C'est des jeux de sauvages. Un de ces jours il va y avoir une jambe de cassée...

Julien ne l'écoute pas. Il regarde Joseph, le garçon de cuisine, engagé dans une tractation à voix basse avec l'un des grands.

Celui-ci lui remet une boîte de bonbons, lui arrache un billet de banque des mains et part en courant.

Joseph lui court après en claudiquant.

JOSEPH

Hé, pas tout ! On avait dit quarante-cinq.

MME PERRIN

Joseph, qu'est-ce que tu manigances [3] encore ? Retourne aux patates.

Joseph revient dans la pièce, mettant la boîte dans son tablier.

1. **Plaie** (f.) : lésion.
2. **Sparadrap** (m.) : petit pansement adhésif.
3. **Manigancer** : comploter.

JOSEPH

Plus ils sont riches, plus ils sont voleurs.

> *Joseph a dix-sept ans, il est malingre, avec une jambe plus courte que l'autre. Des allures et un vocabulaire de titi [1] parisien, effronté, beaucoup de bagout [2]. Il sifflote constamment.*
> *Il reprend sa place à l'épluchage [3].*
> *La cuisinière se sert un grand verre de rouge.*

JOSEPH

Vous buvez trop, madame Perrin.

MME PERRIN

Tais-toi, morveux [4]. Y a pas de mal à se faire du bien.

> *Julien s'approche de Joseph et chuchote :*

JULIEN

T'as des timbres ?

JOSEPH

J' fais plus d'affaires avec vous autres.

JULIEN

J'ai de la confiture.

> *Joseph jette un regard à Mme Perrin.*

---

1. **Titi** (m., fam.) : gamin malicieux, gavroche.
2. **Bagout** (m.) : loquacité effrontée.
3. **Épluchage** (m.) : action d'enlever la peau d'un fruit ou d'un légume.
4. **Morveux** (m., péj.) : jeune enfant prétentieux.

JOSEPH

Après le déjeuner. La femme du docteur, elle raffole [1] de ta confiote [2]. Ça lui cale les ovaires. Tu vois ce que je veux dire ?

10.

Le réfectoire. Six tables d'élèves sont alignées sur deux rangs. Moines, professeurs et surveillants mangent à une très longue table le long du mur.

Julien est assis avec des élèves de sa classe, près de la cuisine. Bonnet est en bout de table. Un plat de viande passe de main en main.

SAGARD

Y a de la paille dans le pain maintenant. Je vais écrire à mon père.

BOULANGER

Envoyez-moi le panier.

Il y a un panier au bout de chaque table qui contient les provisions personnelles des élèves. Boulanger y prend une grosse boîte en fer-blanc [3], sur laquelle son nom est écrit en gros caractères. Elle contient du beurre et des rillettes [4].

---

1. **Raffoler** : aimer à la folie.
2. **Confiote** (f., fam.) : confiture.
3. **Fer-blanc** (m.) : tôle de fer recouverte d'une couche d'étain pour la protéger de la rouille.
4. **Rillettes** (f. pl.) : charcuterie faite de viande de porc ou d'oie hachée et cuite dans la graisse.

Le Père Jean, qui mange de bon appétit, lève les yeux. Il agite la sonnette.

LE PÈRE JEAN

Je rappelle à ceux qui ont des provisions personnelles qu'ils doivent les partager avec leurs camarades.

BABINOT *(zézayant)*

J'ai des sardines, mais j'ai pas de clé. Personne a une clé ?

ROLLIN

Qui veut du saucisson ? C'est du cheval, je vous préviens.

Boulanger finit d'étaler des rillettes sur son pain, referme le pot et le remet dans le panier.

BOULANGER

Il faut que je mange. Je fais de l'anémie.

CIRON

Et nous alors ? T'as entendu le Père Jean ?

BOULANGER *(la bouche pleine)*

Y en a pas assez pour tout le monde. Ils n'ont qu'à vous nourrir, vos parents.

Le plat de viande parvient à Navarre, qui est à côté de Bonnet.

NAVARRE

Y a plus qu'une tranche.

BONNET

Sers-toi.

NAVARRE

Merci. T'es chic.

La sonnette retentit. Un élève vient se placer au milieu du réfectoire et lit, dans un silence relatif :

L'ÉLÈVE

Aujourd'hui, saint Siméon Stylite.

« Saint Siméon Stylite avait treize ans et gardait les moutons de son père quand il entendit ce verset de l'Évangile : « Malheur à vous qui riez à présent car le jour viendra où vous pleurerez. » Il quitta ses parents, devint ermite, et vécut trente années sur une colonne. *(Rires.)* Il s'y tenait debout, sans abri, absorbé dans une prière quasi continuelle... »

La lecture se termine dans les rires et le chahut [1]. Julien monte sur son banc et prend une pose de statue.

C'est la fin du repas. Les élèves commencent à sortir.

Bonnet mange sa pomme, les yeux ailleurs.

MOREAU *(à la cantonade)*

Biscuits vitaminés. Biscuits vitaminés.

Il passe de table en table, une grosse boîte à la main. Chaque élève reçoit un biscuit.

Julien tend une main derrière l'épaule, puis l'autre. Moreau, distrait, lui donne deux biscuits.

Bonnet se fait prendre son biscuit par Sagard, qui le met dans sa bouche, le lèche, puis lui rend.

---

1. **Chahut** (m.) : agitation, tumulte.

SAGARD

Tiens. C'est meilleur maintenant.

> *Bonnet repousse Sagard et se lève pour quitter la table. Julien lui tend un biscuit.*

JULIEN

J'en ai deux.

BONNET

Merci. J'ai plus faim.

> *Il s'éloigne.*

JULIEN

Il m'énerve, ce type.

> *Joseph, qui ramasse les épluchures, se penche vers Julien.*

JOSEPH

T'as la confiture ?

> *Julien fait oui de la tête.*
> *François passe devant eux avec des copains. Pessoz fait une clé à Joseph et le jette à terre.*

JOSEPH

Arrête. J'ai des pantalons propres.

> *Le portefeuille de Joseph tombe à terre. Une photo s'en échappe.*
> *Pessoz la ramasse et la brandit.*

PESSOZ

Joseph est amoureux, les gars.

Joseph lui arrache la photo.

PESSOZ

Elle a l'air d'une salope [1], ta fiancée.

JOSEPH

Et ta sœur ? Elle a l'air de quoi, ta sœur ?

Il s'éloigne en claudiquant, poursuivi par Pessoz. Visiblement, il est la tête de Turc [2] des élèves.
Julien prend son pot de confiture et court après Joseph.

11.

Julien rejoint Joseph dans une petite basse-cour où se trouvent trois cochons derrière un grillage de fortune. Joseph leur jette les épluchures. Les cochons se battent.

JOSEPH

Dans un mois, ils seront bons à manger.

JULIEN

Tu parles ! Ils vont les garder pour la fête du collège. Les parents diront : « Qu'est-ce que vous mangez bien ! »

Fais voir tes timbres.

---

1. **Salope** (f., vulg.) : femme méprisable.
2. **Tête de Turc** : personne qui subit les moqueries, les railleries des autres.

Joseph sort une enveloppe de sa poche.

JOSEPH

Y a un Madagascar 15 centimes. Le type dit que c'est très rare.

JULIEN

Assez rare.

Julien jette un coup d'œil sur le contenu de l'enveloppe et la lui rend.

JULIEN

Pas terrible. Je crois que je vais les garder mes confitures. La bouffe est tellement dégueulasse [1].

JOSEPH

T'es un vrai juif, toi.

Il sort une deuxième enveloppe de sa poche.
Julien lui donne le pot de confitures et empoche les deux enveloppes.

JULIEN

Alors, t'es amoureux ?

JOSEPH

Rigole pas. C'est sérieux. T'as pas cinquante balles [2] à me prêter ? Les femmes, mon vieux, ça coûte cher ! Tu verras.

---

1. **Dégueulasse** (fam.) : dégoûtant.
2. **Balles** (f. pl., fam.) : francs.

JULIEN

Je verrai rien du tout. Et d'abord, t'es riche comme tout.

JOSEPH

Ah oui, avec ce qu'ils me paient...
Si je pouvais me trouver un autre boulot [1]...

JULIEN *(s'éloignant)*

J'ai pas le rond. Demande à François.

---

1. **Boulot** (m., fam.) : travail.

Étudions la forme

- Que remarquez-vous sur la structure de ce texte ?
- Comment est-il divisé ?
- Que peut-on en déduire ?
- Comment pourriez-vous définir le style ?
  Choisissez parmi les suggestions suivantes :
  concis / élaboré / dépouillé / compliqué / touffu / synthétique / prolixe
- Comment l'expliquez-vous ?

Découvrons ensemble...

... qui sont les personnages de l'histoire

- Qui est le garçon présenté au début du livre ?
- Avec qui se trouve-t-il ?
- Quel âge a-t-il ?
- Quel est son état d'âme ?
- Qui est François ?
- Pour chacun des garçons cités dans les pages que vous venez de lire, remplissez, où c'est possible, la grille à la page 35.

	Aspect physique	Caractère	Autres informations
Julien			
Ciron			
Bonnet			
Boulanger			
François			
Babinot			
Négus/Lafarge			
Joseph			
Pessoz			

Utilisez maintenant les éléments que vous avez recueillis pour rédiger une brève présentation de chaque garçon.

... quelles sont leurs occupations

• Racontez comment se déroule une journée type au collège. Voici quelques suggestions en vrac :
  jeux dans la cour / messe le matin / repas dans le réfectoire / cours / etc.

• Lisez cette liste et dites quelles sont les actions qui se réfèrent aux garçons du collège :
  ☐ aller à la messe
  ☐ faire de la gymnastique
  ☐ travailler sur ordinateur
  ☐ jouer aux quilles
  ☐ monter sur des échasses
  ☐ plaisanter
  ☐ échanger des timbres

☐ fumer en cachette
☐ jouer au basket
☐ se moquer des moines
☐ se moquer du surveillant

- Relisez l'épisode du réfectoire. Attribuez à chaque garçon ses provisions personnelles et dites en quoi le comportement de Boulanger et Sagard est révélateur de leur caractère.

... quels sont les lieux où se déroule l'histoire

- Dans quel lieu et dans quelle ville se déroule la première séquence ?
- Où se situe la scène dans la deuxième séquence ?
- Où se trouve le collège qui accueille les garçons ?
- Attribuez à chaque séquence le lieu où se déroule l'action :

dortoir / train / chapelle / cour / réfectoire / gare / salles d'eau / classe / rue / basse-cour / cuisine

séquence 1 :   . . . .
séquence 2 :   . . . .
séquence 3 :   . . . .
séquence 4 :   . . . .
séquence 5 :   . . . .
séquence 6 :   . . . .
séquence 7 :   . . . .
séquence 8 :   . . . .
séquence 9 :   . . . .
séquence 10 :   . . . .
séquence 11 :   . . . .

... qui sont les autres personnages

Relisez ces séquences et dites si les affirmations suivantes sont vraies ou fausses. Sous chaque affirmation fausse, rétablissez la vérité.

V F

- La mère de Julien accompagne son fils jusqu'au collège. ☐ ☐

  ....

- Le Père Michel est un moine âgé et très sympathique. ☐ ☐

  ....

- Moreau est un jeune surveillant du collège. ☐ ☐

  ....

- Le Père Hippolyte est le directeur du collège. ☐ ☐

  ....

- Monsieur Tinchaut est le professeur de gymnastique. ☐ ☐

  ....

- Madame Perrin est la cuisinière du collège. ☐ ☐

  ....

- Le Père Jean est le comptable du collège. ☐ ☐

  ....

Analysons le texte

1. L'accueil réservé au « nouveau », Jean Bonnet.
   - De quelle façon Jean est-il accueilli ?
   - Quels sont les épisodes qui vous permettent de justifier votre réponse ?
   - Commentez la phrase concernant le comportement du Père Jean : « *Dans un geste surprenant, il baise le front de Bonnet* ». De quoi cette phrase pourrait-elle être révélatrice ?

2. Au début Julien ne semble pas apprécier Bonnet.
- Quelles sont les répliques qui le montrent ?
- Quelle est l'attitude de Bonnet à l'égard de Julien ?
- Cherche-t-il à communiquer avec lui ou bien s'isole-t-il ?
Justifiez votre réponse en citant le texte.

3. La guerre.
- Cherchez dans le texte les éléments qui indiquent qu'on est en période de guerre.

Travaillons sur la langue

- Cherchez dans le texte les mots correspondant à ces définitions.
  - (séquence 1) Embrasser très fort :

  ....

  - (séquence 2) Démarrer avec difficulté :

  ....

  - (séquence 3) Livre :

  ....

  - (séquence 4) Lieu où chaque élève range ses affaires :

  ....

  - (séquence 6) Être dans une situation désagréable :

  ....

  - (séquence 7) Tous ensemble :

  ....

- Récrivez ces expressions en français standard. Tenez compte du contexte où elles se trouvent.
  - (séquence 1) *Je ne peux pas le sentir* :
  ....
  - (séquence 3) *Les vaches* :
  ....
  - (séquence 4) *Si on me cherche on me trouve* :
  ....
  - (séquence 6) *Quelle boîte…* :
  ....
  - (séquence 10) *T'es chic* :
  ....
  - (séquence 11) *J'ai pas le rond* :
  ....

Discutons ensemble

- Relisez le passage où Julien doit quitter sa mère à la gare. Ce départ est très douloureux pour le jeune garçon. Quel est le geste qui témoigne le mieux de son état d'âme ? Que pensez-vous de cet adieu ? Croyez-vous que des épisodes de ce type, si douloureux qu'ils soient, puissent aider les jeunes à devenir plus mûrs ?

- Vous êtes-vous déjà trouvés dans une situation semblable à celle de Julien ? Si oui, racontez ce qui s'est passé. Où étiez-vous ? Qui est la personne que vous deviez quitter ? Comment vous sentiez-vous ?

12.

M. Guibourg, le professeur de mathématiques, est au tableau noir. Il a gardé sa canadienne [1], son béret et ses gants.

M. GUIBOURG

Ciron, remettez du bois dans le poêle. On gèle.

Ciron se lève et claque les talons en faisant un salut militaire.

M. GUIBOURG *(sans se retourner)*

Et ne vous croyez pas obligé de faire le pitre [2]...

Qui peut me montrer que dans ce quadrilatère la somme des deux côtés opposés AB plus CD est égale à la somme des deux autres BC plus DA ?

Plusieurs mains se lèvent, dont celle de Bonnet.

M. GUIBOURG

Vous, le nouveau.

CIRON

Il s'appelle Dubonnet, monsieur.

BONNET

Ça va. On a compris.

---

1. **Canadienne** (f.) : veste épaisse doublée de fourrure.
2. **Faire le pitre** : faire le clown.

Bonnet va au tableau noir. Un élève avance le pied et le fait trébucher[1]. Rires.

BONNET

On sait que les tangentes à un cercle issues d'un point sont égales. Donc *a* égale *a*, *b* égale *b*...

Et il résout le problème avec aisance.

M. GUIBOURG

C'est très bien. Tout le monde a compris ?

LES ÉLÈVES

Oui, m'sieur !

On entend une sirène lointaine, puis une autre, très proche.

UNE VOIX

Chouette, une alerte.

Les élèves commencent à se lever en désordre, ravis de cette diversion.

M. GUIBOURG

Nous allons descendre à l'abri.

La classe n'est pas finie. Prenez votre livre.

---

1. **Trébucher** : perdre l'équilibre.

13.

La cave du collège. Les élèves de quatrième se serrent sur des bancs dans un long couloir qui se perd dans le noir. Des tuyaux courent le long des murs. Un peu de lumière vient d'une ampoule au plafond. Une voûte ouvre sur une pièce encombrée de caisses vides, où une autre classe s'installe.

On entend le reste des élèves, mais on ne les voit pas.

Le Père Michel essaie de mettre de l'ordre dans la confusion. Il tient une lampe tempête dans la main.

UNE VOIX *(chantée)*
C'est la Mère Michel qui a perdu son chat...

LE PÈRE MICHEL
Silence ! Boulanger, serrez-vous.
Monsieur Guibourg, mettez-vous là.

> *Il avance une chaise à M. Guibourg, qui s'assied et commence à lire, éclairé par la lampe du prêtre.*

M. GUIBOURG
Quinzième leçon, page 52. Le produit de deux puissances d'un même décimal relatif...

> *Julien sort sa lampe de poche et la dirige sur son livre.*

BONNET
Tu m'éclaires ?

Il rapproche son livre de celui de Julien. Mais celui-ci ne suit pas le cours. Il a en main Les Trois Mousquetaires.

BONNET

Lève un peu ta lampe. Je vois rien.

JULIEN

Fous-moi la paix. Tu vas me faire piquer[1].
Oh ! Et puis tu me fais chier[2].

> *Il s'écarte.*
> *On entend des bruits sourds. La lumière du plafond s'éteint.*
> *M. Guibourg s'interrompt. Les enfants s'agitent dans la pénombre.*

UNE VOIX

Ils bombardent la gare.

UNE AUTRE VOIX

Mais non ! C'est la caserne d'artillerie.

LE PÈRE MICHEL

Calmez-vous. Asseyez-vous.

> *Il commence un « Je vous salue, Marie ».*
> *Julien prie avec les autres. Machinalement, il promène le faisceau de sa lampe autour de lui. Des formes, des visages passent dans la lumière.*

---

1. **Piquer** (fig.) : prendre.
2. **Faire chier quelqu'un** (vulg.) : l'ennuyer, l'irriter.

Julien s'arrête sur deux garçons blottis [1] dans les bras l'un de l'autre. Surpris par la lumière, ils s'écartent.

UN ÉLÈVE

Les amoureux ! (*Rires.*)

LE PÈRE MICHEL

Quentin, éteignez ça.

14.

Au dortoir, les élèves agenouillés finissent la prière du soir.

Bonnet se relève sans faire le signe de croix et se glisse dans ses draps. Il essaie vainement d'enfoncer les jambes, plusieurs fois. Tous l'observent, des rires éclatent.

LAVIRON

T'as qu'à dormir en chien de fusil [2] !

Bonnet soulève la couverture et voit que son lit a été fait en portefeuille. Il se tourne vers Julien :

BONNET

C'est toi qui as fait ça ?

1. **Blotti** : recroquevillé, serré.
2. **Dormir en chien de fusil** : dormir ramassé sur soi-même, les jambes repliées.

Julien le regarde, sans répondre, et se couche.

Plus tard dans la nuit.

Julien semble faire un rêve délicieux. Il sourit, se tourne sur le côté. Ses lèvres remuent, il soupire.

Le sourire s'éteint, devient une grimace [1].

Il ouvre les yeux, se dresse sur son lit, glisse sa main sous les couvertures.

JULIEN

Merde.

Il regarde à gauche et à droite : tout le monde dort. Il sort du lit, rabat les couvertures. Il y a une large tache humide au milieu du drap.

JULIEN

Merde, merde, merde, merde, merde.

Il attrape une serviette de toilette au pied du lit et se met à frotter comme un forcené, essayant de sécher le drap. Il grelotte [2].

Il descend le drap vers le pied du lit autant qu'il peut, étend la serviette sur la tache, se recouche.

Il reste les yeux ouverts, toujours grelottant, essayant de trouver une position où son corps ne soit pas en contact avec la partie mouillée du drap.

Il entend un cri : « Non ! Non ! Non ! » Quelques lits plus loin, un élève se dresse, le dos arqué, et donne des coups de poing dans le vide, comme s'il se défendait contre l'homme invisible.

Bonnet se réveille en sursaut.

---

1. **Grimace** (f.) : contorsion du visage.
2. **Grelotter** : trembler de froid ou de peur.

BONNET

Quoi ! Qu'est-ce que c'est ?

Il voit Julien qui le regarde, se calme, se recouche.

15.

Les quatrièmes sont en gymnastique dans la cour du collège. Julien succède à Ciron à la barre fixe. Il tente une allemande [1] et la rate.

Les autres font des tractions au sol, invectivés par le professeur, un sous-officier en retraite. Plusieurs portent des passe-montagnes. Les uns après les autres, ils s'écroulent.

LE PROFESSEUR

Vos genoux tendus, les épaules en arrière ! Vous avez des biceps en papier mâché [2].

Une jeune fille attrayante rentre dans la cour sur un vélo d'homme. Un lourd cartable, accroché au guidon, la déséquilibre.

Elle passe devant la classe avec un sourire au professeur, qui la suit des yeux, oubliant ses élèves. Elle trébuche en descendant de vélo, manque de tomber. On aperçoit ses cuisses un instant. Tous les garçons regardent.

1. **Allemande** (f.) : ici, exercice gymnique.
2. **Des biceps en papier mâché** : des biceps sans force.

BOULANGER

Elle le fait exprès, pour nous montrer son cul.

CIRON   *did it on purpose*

Il est mieux que le tien, son cul.

LE PROFESSEUR

Taisez-vous. Ciron, vous me ferez vingt tractions supplémentaires.

> *La jeune fille se dirige vers la salle de musique. François et Pessoz surgissent et entament [1] une conversation avec elle.*

16.

> *La salle de musique. Julien joue le* Moment musical n° 2 de Schubert, *très lentement, très mal. La jeune femme de la bicyclette, Mlle Davenne, est assise un peu en arrière du piano. Elle se fait les ongles.*
>
> *Julien regarde les seins de la jeune fille, ce qui lui fait commettre une grossière erreur de doigté [2].*

MLLE DAVENNE *(sans lever la tête)*

C'est un dièse [3]. Tu n'entends pas que tu fais une fausse note ?

---

1. **Entamer** : commencer.
2. **Doigté** (m.) : choix et jeu des doigts dans l'exécution d'un morceau de musique.
3. **Dièse** (m.) : signe élevant d'un demi-ton la note devant laquelle il est placé.

Julien recommence, à contrecœur [1]. Mlle Davenne bâille.

MLLE DAVENNE

Tu devrais essayer le violon.

Julien rit. Tous deux rient.

MLLE DAVENNE

Tu détestes la musique, ou quoi ?

JULIEN

Pas du tout. C'est ma mère qui me force à faire du piano.

MLLE DAVENNE

Elle a raison. Si tu arrêtes maintenant, tu le regretteras toute ta vie. Allez, c'est l'heure. À mardi !

La porte s'ouvre. Bonnet entre. Il croise Julien, avance gauchement [2] vers le piano.

MLLE DAVENNE

Comment tu t'appelles ?

BONNET

Jean Bonnet.

MLLE DAVENNE

Tu vas me montrer comment tu joues.

---

1. À **contrecœur** : avec répugnance.
2. **Gauchement** : maladroitement.

Julien sort. De l'extérieur, il entend les premières notes de son morceau.

Il se retourne, colle son nez à la porte vitrée. Mlle Davenne a le sourire. Bonnet déchiffre la pièce de Schubert avec aisance. Le tempo et les intonations sont justes.

MLLE DAVENNE

Tu te débrouilles, dis donc. Ça fait plaisir d'avoir un élève doué.

Derrière la porte, Julien grelotte. Il enroule son cache-nez [1] autour de son cou.

JULIEN

Quel lèche-cul !

Mais il reste jusqu'à ce que Bonnet termine le morceau.

17.

Avant le dîner, en classe de quatrième, les élèves font leurs devoirs. Le Père Hippolyte, debout près du poêle, égrène son chapelet [2] le dos tourné.

Julien est en train de trier [3] ses nouveaux timbres.

1. **Cache-nez** (m.) : écharpe.
2. **Chapelet** (m.) : objet de dévotion formé de grains enfilés que l'on fait glisser entre ses doigts en récitant des prières.
3. **Trier** : classer.

49

Boulanger lui donne un coup de coude. Il lui désigne Sagard au fond de la classe, pupitre levé, visage tendu, et fait un mouvement de piston avec sa main.

JULIEN *(chuchote)*

Tu crois ?

BOULANGER *(affirmatif)*

Il paraît que ça rend idiot. Avec lui, y a pas de risques.

Julien voit Bonnet qui tourne et retourne une feuille de papier dans ses mains, le regard ailleurs. Son voisin, brusquement, la lui arrache [1] des mains. Bonnet essaie de la lui reprendre, mais son voisin la passe derrière lui. Bonnet se lève et court après sa feuille qui passe de main en main.

LE PÈRE HIPPOLYTE

Bonnet, retournez à votre place.

Bonnet se rassied, sans quitter la feuille des yeux. Elle parvient jusqu'à Julien. Ses coins sont écornés [2], ses plis marqués, comme si elle avait séjourné longtemps dans un portefeuille. Julien l'ouvre et voit une large écriture féminine aux jambages [3] accentués.

---

1. **Arracher** : prendre, enlever avec force.
2. **Écorné** : usé, déchiré.
3. **Jambage** (m.) : trait vertical ou légèrement oblique de certaines lettres.

JULIEN *(lisant)*

« Mon petit chéri, comme tu comprends bien, il m'est très difficile de t'écrire. Monsieur D. allait à Lyon et il a bien voulu poster cette lettre. Nous sortons le moins possible ta tante et moi... »

Un élève rentre et vient parler au Père Hippolyte.

LE PÈRE HIPPOLYTE

Julien Quentin, confesse.

Julien se lève. Il fait un détour pour passer près de Bonnet et laisse tomber la lettre sur son pupitre.

JULIEN

Elle a pas la conscience tranquille, ta mère.

18.

Le bureau du Père Jean. Julien est à genoux dans la pénombre, au milieu de la pièce. Assis devant lui, le Père Jean, étole autour du cou, finit de le confesser.

JULIEN

Ah oui, je me suis battu avec ma sœur pendant les vacances.

LE PÈRE JEAN

Vous n'oubliez rien ?

JULIEN

Je ne crois pas.

LE PÈRE JEAN

Vous n'avez pas eu de mauvaises pensées ?

Julien le regarde.

LE PÈRE JEAN

Vous savez très bien ce que je veux dire. Tout le monde a des mauvaises pensées.

JULIEN

Même vous ?

Le Père Jean sourit.

LE PÈRE JEAN

Même moi.

Julien danse d'un genou sur l'autre, en faisant des grimaces.

LE PÈRE JEAN

Qu'est-ce que vous avez ?

JULIEN

Des engelures.

LE PÈRE JEAN

Faites voir.

Julien se redresse et lui montre son genou.

LE PÈRE JEAN

C'est le manque de vitamines. Dites à Mme Perrin de vous donner de l'huile de foie de morue [1].

JULIEN

C'est le froid surtout. On gèle dans le collège.

LE PÈRE JEAN

Je sais. Pensez qu'il y a des gens plus malheureux que vous.

Vous avez dit à votre mère que vous vouliez rentrer dans les ordres.

JULIEN *(surpris)*

Elle vous l'a dit ?

> *Le prêtre fait oui de la tête.*

LE PÈRE JEAN

À mon avis, vous n'avez aucune vocation pour la prêtrise.

JULIEN

Vous croyez ?

LE PÈRE JEAN

J'en suis sûr. Et c'est un fichu [2] métier.

> *Il lui donne l'absolution.*
> *On entend la sonnerie du téléphone, stridente.*
> *Julien sursaute.*
> *Le Père Jean se lève.*

---

1. **Morue** (f.) : grand poisson comestible qui vit dans les mers froides.
2. **Fichu** (fam.) : difficile.

LE PÈRE JEAN

Dites trois « Je vous salue, Marie ». Vous pouvez rester debout.

Il décroche. Julien entend une voix excitée, incompréhensible, à l'autre bout de la ligne. On perçoit quelques mots : « Attention... repérés... précautions... »

LE PÈRE JEAN

D'où tenez-vous ça ?...

Méfiez-vous des rumeurs [1]...

Qu'est-ce que vous voulez que j'y fasse...

Nous sommes entre les mains du Seigneur.

Il raccroche et reste un instant songeur comme s'il avait oublié la présence de Julien, qui termine ses « Je vous salue, Marie » en le regardant.

LE PÈRE JEAN

Vous vous entendez bien avec votre nouveau camarade ?

JULIEN

Bonnet ?

LE PÈRE JEAN

Soyez très gentil avec lui. Vous avez de l'influence sur les autres. Je compte sur vous.

JULIEN

Pourquoi ? Il est malade ?

---

1. **Rumeur** (f.) : nouvelle qui se répand.

LE PÈRE JEAN

Mais pas du tout ! Allez, sauvez-vous...

> *Julien quitte la pièce. Le prêtre le regarde avec un léger sourire.*

19.

> *Une place de la petite ville.*
> *Menés par le Père Michel, les quatrièmes et troisièmes avancent dans un brouillard épais, en rangs par deux, serviettes de toilette sous le bras.*
> *Julien lit* Les Trois Mousquetaires *en marchant. Derrière lui, Babinot, Sagard et Boulanger discutent politique.*

BABINOT

Si on n'avait pas Pétain, on serait dans la merde.

BOULANGER

Qu'est-ce qui dit ça ?

BABINOT

Mon père.

BOULANGER

Moi, mon père dit que Laval est vendu aux Allemands.

SAGARD *(sentencieux)*

Les juifs et les communistes sont plus dangereux que les Allemands.

CIRON *(se retournant)*

C'est ton père qui dit ça ?

SAGARD
Non, c'est moi.

> *Un ivrogne à bicyclette passe en zigzaguant.*
> *Rires, confusion et bousculades.*

L'IVROGNE *(à tue-tête)*
La Madelon, viens nous servir à boire...

> *Bonnet marche maintenant à côté de Julien.*
> *Celui-ci cache son livre sous sa cape quand le Père*
> *Michel arrive à leur hauteur.*

BONNET
C'est bien, hein ?

JULIEN
Quoi ?

BONNET
Les Trois Mousquetaires. Où tu en es ?

JULIEN
Quand ils jugent Milady.

BONNET
Quelle salope celle-là !

> *Julien le dévisage* [1].

JULIEN
Qu'est-ce que tu veux faire plus tard ?

---

1. **Dévisager** : observer avec insistance quelqu'un.

BONNET

Je sais pas. Des maths.

JULIEN

Les maths, c'est chiant [1]. Sauf si on veut être comptable.

BONNET

Mon père était comptable.

> *Ils tournent dans une petite rue et rentrent dans un établissement de bains-douches, d'aspect vieillot. Un policier français se tient devant la porte, sur laquelle on peut lire une pancarte : « Cet établissement est interdit aux juifs. »*

20.

> *Il y a du monde dans les vestiaires des bains-douches. Quelques soldats allemands sont en train de s'habiller en chahutant et en parlant fort. Les élèves restent debout, intimidés, mais Bonnet s'assied entre deux Allemands et délace ses bottines. Un soldat lui caresse la joue et dit à ses compagnons, en allemand : « C'est frais, c'est doux. » Gros rires.*

---

1. **Chiant** (vulg.) : ennuyeux, barbant.

Les Allemands s'en vont. Les élèves se déshabillent. Babinot ramasse sous le banc une revue avec des photos de femmes déshabillées. Il la cache sous ses vêtements.

Le petit Du Vallier s'assied à côté de Bonnet.

Du Vallier

C'est vrai, Bonnet, que tu fais pas ta communion solennelle ? Pourquoi ?

Bonnet

Je suis protestant.

Boulanger recule en se bouchant le nez.

Boulanger

Un parpaillot [1] ! C'est dégueulasse.

Julien délace ses chaussures à côté de Bonnet.

Julien

C'est pas un nom protestant, Bonnet.

Bonnet

Il faut croire que si.

Le Père Michel, en pantalon et torse nu, répartit les élèves entre les différentes douches de la salle commune. Il y a aussi quelques cabines avec des baignoires.

Le Père Michel

Ciron, ici... Babinot, qu'est-ce que vous faites ?... Bonnet, prenez cette baignoire.

---

1. **Parpaillot** (m., péj.) : protestant.

ROLLIN

Je peux en avoir une aussi ?

LE PÈRE MICHEL

Celle-ci.

ROLLIN

Ah non ! Elle est trop petite, cette baignoire. J'ai les pieds qui dépassent.

LE PÈRE MICHEL

Débrouillez-vous.

> *Plus tard.*
> *Julien rêve dans sa baignoire, enfoncé jusqu'au cou. Il a les mains sous l'eau et se caresse mollement. On entend un piano – la pièce de Schubert – et la voix de Mlle Davenne : « Tu devrais essayer le violon. »*
> *Quelqu'un cogne [1] à la porte.*

VOIX DU PÈRE MICHEL

Dépêchez-vous, Quentin. J'attends votre baignoire.

> *Julien mouille ses cheveux et les frotte avec son savon-ersatz [2]. Il enfonce la tête sous l'eau.*
> *La porte de la cabine s'ouvre. Le Père Michel entre, croit la baignoire vide, s'approche, voit Julien sous l'eau, immobile. Il se précipite, le soulève par les épaules. Julien éclate de rire.*

LE PÈRE MICHEL

C'est malin ! Je vous ai dit de vous dépêcher...

1. **Cogner** : frapper.
2. **Ersatz** (m.) : produit de remplacement de mauvaise qualité.

Julien se dresse debout dans sa baignoire, face au Père Michel, qui détourne les yeux, gêné.

JULIEN

C'est pas de ma faute. Mon savon ne mousse pas.

21.

Un vent glacé souffle. Les élèves sortent des bains-douches, enfonçant leurs bérets sur leurs cheveux mouillés et se battant les bras contre la poitrine.

BOULANGER

Grouillez-vous[1], on gèle.

Derrière eux, un jeune homme sort des bains-douches, en veston. Il fait quelques pas et, tranquillement, enfile son manteau, qui porte une étoile jaune. Il s'éloigne.

BABINOT

Il a du culot[2], celui-là.

BOULANGER

Ta gueule, Babinot.

LE PÈRE MICHEL

Allez, vite ! On va rentrer au pas de course.

---

1. **Se grouiller** (fam.) : se dépêcher.
2. **Culot** (m., fam.) : audace.

22.

Julien dort. Un son léger, persistant, lui fait ouvrir les yeux. ~~Candres~~

Bonnet a disposé deux bougies sur sa table de nuit. Debout, au pied de son lit, son béret sur la tête, il murmure.

Julien, les yeux écarquillés, regarde cette silhouette qui tremble dans la lumière des bougies, écoute cette litanie qui ne lui rappelle rien.

Il se redresse un peu, fait craquer son lit. Bonnet s'interrompt.

Julien ferme les yeux. Bonnet reprend.

23.

MOREAU

Flexion, un, deux... Les bras en arrière...

Moreau dirige le dérouillage [1] matinal des petites classes, quand un groupe de miliciens en uniforme – vestes bleues, baudriers [2], bérets – pénètre dans la cour.

La file des élèves passe devant eux, au pas de course. Moreau prend la tête et entraîne les élèves vers l'autre extrémité de la cour. Il leur fait faire des flexions, son regard fixé sur les miliciens qui parlent maintenant au Père Jean, devant la cuisine. On entend des éclats de voix.

---

1. **Dérouillage** (m., fig.) : réveil, mise en train.
2. **Baudrier** (m.) : bande de cuir ou d'étoffe que l'on porte en écharpe et qui soutient une arme.

LE PÈRE JEAN
Vous n'avez pas le droit d'entrer ici.

UN MILICIEN
Nous avons des ordres.

LE PÈRE JEAN
Des ordres de qui ?

LE MILICIEN
De nos chefs.

LE PÈRE JEAN
Vous êtes ici dans une institution privée où il n'y a que des enfants et des religieux. Je me plaindrai.

LE MILICIEN
À qui ?

> *Les élèves commentent en faisant leurs mouvements.*

BABINOT
On dirait des chasseurs alpins.

CIRON
Mais non, c'est la milice.

BOULANGER
Qu'est-ce qu'ils veulent, les collabos ?

> *Bonnet, arrêté, regarde les miliciens. Ceux-ci rentrent dans le bâtiment malgré les protestations du Père Jean.*
> *Moreau aussitôt interrompt le dérouillage.*

MOREAU
Nous avons terminé. Vous pouvez rentrer.

Les élèves, surpris, rompent les rangs. Moreau en profite pour se glisser dans la petite cour des W.-C.

Le Père Michel remonte rapidement la file des élèves. Il prend Bonnet par le bras et l'entraîne avec lui. Ils rejoignent Moreau.

Julien rebrousse chemin [1] et les voit tous trois disparaître par une petite porte. Il revient vers le bâtiment. Les autres élèves sont déjà rentrés.

Joseph ramène les poubelles.

JOSEPH

Ta confiote a fait un malheur. T'en as d'autres ?

JULIEN

Qu'est-ce qui se passe ? Qu'est-ce qu'ils sont venus faire, les miliciens ?

JOSEPH

Ils fouinent [2]. On leur a dit qu'il y avait des réfractaires au collège.

JULIEN

C'est quoi, des réfractaires ?

JOSEPH

Des types qui se cachent parce qu'ils veulent pas aller faire leur travail obligatoire en Allemagne. Moreau, c'en est un.

JULIEN

Ah bon ?

---

1. **Rebrousser chemin** : s'en retourner en sens opposé.
2. **Fouiner** : ici, chercher quelqu'un.

JOSEPH

Ouais. C'est pas son vrai nom, Moreau. (*Il tape sur sa mauvaise jambe.*) Moi je m'en fous, je serai réformé.

> *On entend la voix de Mme Perrin, venant de la cuisine.*

MME PERRIN

Joseph ! Joseph !

> *Elle débouche de la cuisine comme un torpilleur* [1].

JOSEPH

On vient ! (*À Julien*) Elle est pire que l'Allemagne.

24.

> *En classe, M. Tinchaut donne les résultats de la composition française.*

M. TINCHAUT

Rollin, c'est moyen. Neuf et demi. Bonnet... Bonnet n'est pas là ?

SAGARD

Bon débarras !

---

1. **Torpilleur** (m.) : bateau de guerre léger et rapide destiné à lancer des engins remplis d'explosifs pour frapper un objectif sous l'eau.

M. TINCHAUT

Quentin, treize. C'est intelligent, mais un tantinet prétentieux. Vous écrivez par exemple : « Charles Péguy voit la cathédrale comme un phare grandiose et généreux. » (*Rires.*)

Le Père Michel rentre avec Bonnet et l'envoie s'asseoir à sa place, à côté du petit Navarre.

NAVARRE

Où t'étais ?

Le Père Michel chuchote quelque chose à l'oreille de Tinchaut, puis s'en va. Tinchaut enchaîne :

M. TINCHAUT

Ciron, douze. Où êtes-vous allé chercher qu'il y a des péniches [1] au milieu de la Beauce ?

CIRON

Le canal de la Foussarde, m'sieur. J'y étais en vacances.

M. TINCHAUT

Bonnet, je vous ai mis treize et demi. Bon travail. Sensible et bien écrit. Quentin, vous allez avoir de la compétition.

Julien ne quitte pas Bonnet des yeux. Celui-ci soutient son regard.

---

1. **Péniche** (f.) : bateau fluvial à fond plat.

25.

Le déjeuner est fini, les élèves sortent du réfectoire.

Bonnet et Négus passent en discutant à voix basse. Près de la cuisine, Julien voit Joseph glisser quelques cigarettes à François qui les met rapidement dans sa poche.

FRANÇOIS

J' peux pas te payer tout de suite.

JOSEPH

Tu m'as promis, Quentin.

François, s'éloignant, désigne son frère :

FRANÇOIS

Demande au petit con [1], je suis sûr qu'il lui reste du sucre. Il est tellement radin [2].

Joseph rattrape Julien et sort des billes de sa poche.

JOSEPH

Des agates. Tiens, je t'en donne une.

Julien fait briller une agate dans la lumière.

UNE VOIX

Quentin. Julien Quentin.

---

1. **Con** (inj.) : imbécile, idiot.
2. **Radin** (fam.) : avare.

C'est un surveillant qui distribue le courrier au pied de l'escalier.

Julien empoche [1] *la bille et court chercher sa lettre.*

JOSEPH

Attends !

Julien monte l'escalier en déchirant l'enveloppe.

26.

Julien entre dans le dortoir désert. Il va s'asseoir sur son lit, lisant la lettre.

VOIX DE LA MÈRE

L'appartement semble vide sans toi. Paris n'est pas drôle en ce moment. Nous sommes bombardés presque chaque nuit. Hier une bombe est tombée sur un immeuble à Boulogne-Billancourt. Huit morts. Charmant !

Tes sœurs sont rentrées à Sainte-Marie. Sophie travaille à la Croix-Rouge le jeudi et le dimanche. Il y a tellement de malheureux !

Ton père est à Lille. Son usine tourne au ralenti, il est d'une humeur de chien. Il est vraiment temps que la guerre se termine.

---

1. **Empocher** : mettre dans sa poche.

Je viendrai vous sortir dimanche en huit, comme prévu. Nous irons déjeuner au Grand Cerf. Je m'en réjouis déjà et te serre sur mon cœur.

Ta maman qui t'aime.

P.-S. : Mange tes confitures. Je vous en apporterai d'autres. Prends bien soin de ta santé.

Julien replie la lettre, la porte à son visage et la renifle, puis la range dans sa table de nuit.

Il regarde autour de lui, soulève l'oreiller de Bonnet, trouve deux bougies qu'il fait tourner dans ses doigts.

Il se lève et va ouvrir son casier. Il y surprend une souris le nez dans son kilo de sucre.

JULIEN

Pousse-toi, Hortense !

Il chasse la souris, prend un morceau de sucre et le croque.

Il va ouvrir un placard un peu plus loin, fouille [1] *dans les vêtements, sort une pile de livres. Dans l'un d'entre eux il découvre une photo de Bonnet plus jeune assis entre un homme et une femme. Tous trois sourient et se tiennent par le bras devant des fortifications – le château d'If.*

Il ouvre un livre, une édition illustrée de L'Homme à l'oreille cassée, *d'Edmond About. Sur la page de garde, un papier est collé. Il lit :* « Lycée Jules Ferry. Année scolaire 1941-1942. Premier prix de calcul. Jean... » *Le nom de famille a été raturé* [2].

1. **Fouiller** : explorer soigneusement.
2. **Raturé** : barré, annulé.

Mais, sur la page opposée, l'encre de l'inscription est reproduite à l'envers.

Il approche le livre d'une glace murale et lit : « Jean Kippelstein. » Il répète à mi-voix : « Kippelstein, Kippelstein » avec différentes prononciations.

Une cloche sonne. Il entend des pas et replace vivement le livre.

Boulanger et quelques élèves rentrent dans le dortoir.

BOULANGER

J'ai faim.

Bonnet rentre à son tour, discutant avec Navarre. Il ne voit pas Julien.

NAVARRE

Qu'est-ce que c'est exactement, une médiatrice ?

BONNET

La perpendiculaire d'un segment en son milieu.

Découvrons ensemble...

... comment la guerre est présente dans la vie quotidienne des élèves

- Qu'est-ce que le professeur demande à Ciron de faire ?
- Comment Bonnet résout-il le problème ?
- Qu'est-ce qui interrompt brusquement le cours ?
- De quelle façon les élèves réagissent-ils ?
- Où se rendent-ils ?
- Qu'est-ce qu'ils font ?

- Distinguez l'attitude de Bonnet de celle de Julien. Qui se montre le plus sérieux ? De quelle façon Julien s'adresse-t-il à Bonnet ?

... quelque chose de plus à propos de Julien et Bonnet

Relisez les séquences 14, 15, 16, 17, 18 et complétez les phrases suivantes en cochant d'une croix la bonne réponse :

1. Julien
   a. ☐ découvre que son lit a été fait en portefeuille.
   b. ☐ ne dit rien lorsque Bonnet découvre que son lit a été fait en portefeuille.
   c. ☐ ne fait pas le signe de la croix après avoir fini sa prière.

2. Bonnet se réveille brusquement et voit
   a. ☐ Julien qui le regarde.
   b. ☐ Julien qui dort.
   c. ☐ Julien qui est en train de frotter son drap.

3. Julien joue du piano

    a. ☐ avec aisance puisqu'il adore le piano.

    b. ☐ avec aisance bien qu'il déteste le piano.

    c. ☐ mal.

4. Bonnet

    a. ☐ est très doué pour le piano.

    b. ☐ n'a pas envie de jouer du piano.

    c. ☐ joue du piano moins bien que Julien.

5. En classe, Julien, après avoir lu la lettre de Bonnet, dit au garçon

    a. ☐ que sa tante n'a pas la conscience tranquille.

    b. ☐ que sa mère n'a pas la conscience tranquille.

    c. ☐ qu'il n'a pas la conscience tranquille.

6. Pendant qu'il le confesse, le Père Jean

    a. ☐ conseille à Julien de manger davantage.

    b. ☐ conseille à Julien de rentrer dans les ordres.

    c. ☐ déconseille à Julien de rentrer dans les ordres.

7. Il lui demande quels sont ses rapports avec Bonnet et lui recommande

    a. ☐ d'être gentil avec lui puisqu'il est malade.

    b. ☐ d'être gentil avec lui.

    c. ☐ d'être gentil avec tous ses camarades.

... ce qui se passe aux bains-douches

• Numérotez les différentes phrases de façon à les remettre dans l'ordre chronologique :

    ☐ Les élèves sortent des bains-douches.

    ☐ Ils entrent dans un établissement de bains-douches.

    ☐ Des soldats allemands sont en train de s'habiller.

☐ Accompagnés par le Père Michel, les élèves marchent en rang par deux.

☐ Les garçons restent debout tandis que Bonnet s'assied entre deux Allemands.

☐ Pendant qu'il marche, Julien lit *Les Trois Mousquetaires*.

☐ Les Allemands s'en vont.

☐ Le Père Michel annonce aux enfants qu'ils vont rentrer au pas de course.

☐ Le Père Michel répartit les élèves entre les différentes douches.

☐ Babinot, Sagard et Boulanger discutent politique.

☐ Julien et Bonnet bavardent en cours de route.

☐ Du Vallier demande à Bonnet pourquoi il ne fait pas sa communion solennelle et Bonnet répond qu'il est protestant.

☐ Le Père Michel dit à Julien de se dépêcher.

☐ Julien reste longtemps dans sa baignoire.

... ce que Julien apprend

Julien reçoit une lettre de sa mère et se rend tout de suite dans le dortoir pour la lire.

- Qu'est-ce que sa mère lui raconte ?
- Comment se passe la vie à Paris ?
- Comment vont ses sœurs ?
- Où se trouve son père ? Qu'est-ce qu'il fait ?
- Qu'est-ce que sa mère lui promet ?

- Lisez ce texte et corrigez les informations incorrectes qu'il contient :

  Après avoir lu la lettre de sa mère, Julien la range sous son oreiller. Dans la table de nuit de Bonnet, il trouve deux bougies. Dans son casier, il surprend une souris qui est en train de manger son sucre. Il la chasse, prend un morceau de sucre et le croque.

  Dans un placard un peu plus loin, il découvre une photo de Bonnet, entre deux enfants de son âge. Ils sont souriants et se trouvent devant une cathédrale. Dans un livre, sur un papier collé, il lit : « Lycée Jules Ferry. Année scolaire 1941-42. Premier prix de grec. Jean... ». Le nom de famille a été effacé mais sur la page opposée, on peut lire clairement « Jean Kippelstein ».

Analysons le texte

1. Bonnet et les autres pensionnaires.

- Est-ce que l'attitude des autres garçons à l'égard de Bonnet a changé ?
- Quelles sont les vexations dont Bonnet est victime ?
- Commentez son comportement. Qu'est-ce qui le rend plein de dignité ?

2. Bonnet et Julien.

- L'amitié entre Julien et Bonnet ne naît pas spontanément : Julien est à la fois attiré et agacé par Bonnet. Cherchez dans le texte les points qu'ils ont en commun et les éléments qui les rendent différents et un peu rivaux.

3. Le secret de Bonnet.

- Les séquences 14, 17, 18, 20, 22, 23 et 26 contiennent des indices qui nous font comprendre que Bonnet est juif ; retrouvez ces épisodes, montrez qu'ils sont de plus en plus révélateurs. Quelle est la découverte qui confirme ces indices ?

4. Les enfants et la guerre.

- Cherchez dans les pages que vous venez de lire des répliques significatives de quelques garçons du collège à propos des Juifs et de la guerre en général.

- Quelle est l'attitude des différents garçons à l'égard des Allemands ? Comment se conduisent-ils en leur présence ?

Travaillons sur la langue

- Sélectionnez dans cette liste les mots concernant le champ lexical de la guerre :

☐ sirène	☐ miliciens
☐ alerte	☐ chasseurs
☐ abri	☐ ordres
☐ lampe	☐ collabos
☐ pénombre	☐ fouiner
☐ bombarder	☐ réfractaires
☐ soldats	☐ médiatrice

Discutons ensemble

* Avez-vous déjà vécu des expériences de vie
  communautaire (collège, colonie de vacances, camp
  scout, séjour à l'étranger en groupe, etc.) ? Quel
  rapport avez-vous entretenu avec les autres ? Vous
  êtes-vous sentis à l'aise ? Racontez ce qui s'est passé.

* La guerre, la persécution des Juifs sont traitées dans
  plusieurs livres pour adolescents (*Le Journal d'Anne
  Frank*, *Un sac de billes* de François Joffo, pour n'en
  citer que quelques-uns). Avez-vous déjà lu des livres
  sur ce sujet ? Si oui, racontez l'histoire d'un livre qui
  vous a particulièrement plu.

27.

M. Florent, le professeur de grec, marche à petits pas dans la classe, cassé en deux, se frottant les mains constamment pour se réchauffer. Il dicte lentement un passage de la Guerre du Péloponnèse, *où Thucydide raconte la mutilation des Hermès à Athènes.*

Julien écrit sous la dictée, très vite. Après chaque phrase, il a un moment pour sortir Les Trois Mousquetaires *de sous son cahier et lire avidement quelques lignes. Il en est aux dernières pages.*

Bonnet ne fait pas de grec. Il dessine un avion de chasse aux cocardes tricolores, très minutieusement. La cloche sonne. Les élèves se ruent [1] vers la porte. Bonnet continue son dessin.

M. FLORENT *(à Bonnet)*

Le grec est très utile, vous savez. Tous les mots scientifiques ont une racine grecque.

> *Il s'en va.*
> *Bonnet lève la tête et voit Julien, accroupi près du poêle. Ils sont seuls.*
> *Julien termine* Les Trois Mousquetaires, *soupire, referme le livre.*

JULIEN

Qui tu préfères, Athos ou d'Artagnan ?

BONNET *(sans lever la tête)*

Aramis.

---

1. **Se ruer** : se précipiter.

JULIEN
Aramis ! C'est un faux cul [1].

BONNET
Oui, mais c'est le plus intelligent.

Julien s'avance vers Bonnet et regarde son dessin.

JULIEN
Pourquoi tu fais pas de grec ?

BONNET
Je faisais latin-moderne.

JULIEN
Où ça ?

BONNET
Au lycée. À Marseille.

JULIEN
T'es marseillais ? T'as pas l'accent.

BONNET
Je ne suis pas né à Marseille.

JULIEN
Où t'es né ?

BONNET
Si je te disais, tu saurais pas où c'est. C'est dur, le grec ?

---

1. **Faux cul** : hypocrite.

JULIEN

Pas tellement, une fois que t'as pigé [1] l'alphabet. Tes parents sont à Marseille ?

Bonnet se lève, range son dessin.

BONNET

Mon père est prisonnier.

JULIEN

Il s'est pas évadé ?

Bonnet met sa cape et va sortir. Julien l'attrape par l'épaule.

JULIEN

Et ta mère ? Elle est où, ta mère ?

Bonnet essaie de se dégager, mais Julien le coince [2] contre un pupitre.

JULIEN

Tu veux pas me dire où est ta mère ?

BONNET

Elle est en zone libre.

JULIEN

Y a plus de zone libre.

1. **Piger** (fam.) : comprendre.
2. **Coincer** : bloquer.

BONNET

Je sais. Fous-moi la paix ! Je te demande rien, moi...
Je sais pas où elle est. Elle m'a pas écrit depuis trois
mois. Là, t'es content ?

> *Le Père Hippolyte est entré dans la pièce,*
> *silencieusement.*

LE PÈRE HIPPOLYTE

Qu'est-ce que vous faites là tous les deux ?

JULIEN

Je suis enrhumé. Je tousse. *(Il tousse.)*

LE PÈRE HIPPOLYTE

Allez, pas d'histoires. Allez en récréation.

> *Il sort.*
> *Les deux garçons se regardent, aussi gênés l'un*
> *que l'autre.*

JULIEN

Il est salaud, Hippo. Toujours à fouiner.

28.

> *Les élèves jouent au foulard. Ils ont des foulards*
> *de scouts passés dans leur ceinture, derrière leur*
> *dos, et essaient de se les arracher mutuellement.*
>
> *Julien traverse le jeu, tête baissée, et va rejoindre*
> *François, à côté des cochons, en train de fumer avec*
> *Pessoz et un autre grand. Ils discutent philosophie.*

FRANÇOIS

Saint Thomas, ça tient pas debout. Ses preuves de l'existence de Dieu sont foireuses [1].

PESSOZ

Puisque nous avons l'idée de Dieu, Dieu existe.

FRANÇOIS

Pur sophisme... Bergson, lui au moins, il cherche la transcendance dans la science moderne. C'est moins con.

> *Il fait tirer une bouffée de sa cigarette à Julien, qui s'étrangle. Les autres rient.*

JULIEN

Qu'est-ce que c'est fort !

FRANÇOIS

C'est du vrai, petit con. Pas de la barbe de maïs.

> *Les joueurs se rapprochent. Négus arrache un foulard et, poussant des cris de triomphe, le fait tourner au-dessus de sa tête.*

FRANÇOIS

Allez, restons pas là, on va se faire piquer par les babasses.

> *Il jette son mégot et entraîne Julien par le bras.*

FRANÇOIS

Rends-moi service.

---

1. **Foireux** (fam.) : pas clair, pas convaincant.

JULIEN

Quoi ?

FRANÇOIS

Tu vas passer un billet à la petite Davenne, ton prof de piano.

JULIEN

T'es fou ! Je vais me faire virer [1].

FRANÇOIS

Mais non. Elle dira rien. Ce que t'es trouillard [2] !

JULIEN

François, qu'est-ce que c'est un youpin ?

FRANÇOIS

Un juif.

JULIEN

Je sais ! Mais c'est quoi exactement ?

FRANÇOIS

Quelqu'un qui ne mange pas de cochon.

JULIEN

Tu te fous de ma gueule.

FRANÇOIS

Pas du tout.

JULIEN

Qu'est-ce qu'on leur reproche exactement ?

---

1. **Virer** (fam.) : renvoyer.
2. **Trouillard** : peureux.

FRANÇOIS

D'être plus intelligents que nous. Et aussi d'avoir crucifié Jésus-Christ.

JULIEN

C'est pas vrai, c'est les Romains. Et c'est pour ça qu'on leur fait porter l'étoile jaune ?

FRANÇOIS

Mais non ! Tu donneras ma lettre à Davenne ?

JULIEN

Sûrement pas. Qu'est-ce que tu lui veux d'abord ?

FRANÇOIS

T'occupe ! Allez, sois gentil, je te passerai *Les Mille et Une Nuits*, pour t'apprendre à bander [1].

> *Ils entendent des cris, voient un rassemblement près de la cuisine. Joseph est à terre au milieu d'un groupe d'élèves qui se moquent de lui et le font tomber chaque fois qu'il se relève.*

UN ÉLÈVE

Tu sens mauvais, Joseph.

LE PÈRE MICHEL

Allons ! Arrêtez tout de suite !

> *Joseph est enragé. Il se jette sur un élève.*

JOSEPH

Il m'a traité d'enfoiré [2].

---

1. **Bander** (vulg.) : être en érection.
2. **Enfoiré** (inj.) : imbécile.

Moreau intervient et l'entraîne.

MOREAU
Joseph, calme-toi et rentre à la cuisine.

JOSEPH
Couché, Joseph. À la niche, Joseph. Je suis pas un chien !

Un élève se met à aboyer.

LE PÈRE MICHEL
D'Arsonval, ça suffit.

29.

Julien et Bonnet sont les plus jeunes des huit garçons du collège qui s'avancent dans un chemin forestier – l'équivalent d'une patrouille scoute. Ils portent capes et bérets, un foulard vert autour du cou, la ceinture par-dessus la cape et, dans le dos, un autre foulard passé dans la ceinture.

Ils suivent des signes de piste marqués sur les rochers, une flèche d'abord puis, plus loin, une croix.

UN GARÇON
Merde, encore une fausse piste...

Pessoz, le chef de patrouille, leur fait rebrousser chemin.

PESSOZ

Il faut revenir au croisement, vite. Et en silence. Je me demande où sont les autres.

>*Boulanger, Julien et Bonnet traînent derrière. Bonnet joue avec une pomme de pin. Julien est perdu dans une songerie.*

JULIEN

C'est quel jour aujourd'hui ?

BOULANGER

17 janvier 44. Jeudi.

JULIEN

Est-ce que tu réalises qu'il n'y aura plus jamais de 17 janvier 44. Jamais, jamais, jamais plus.

PESSOZ *(de loin)*

Grouillez-vous, les petits.

JULIEN

Et dans quarante ans, la moitié de ces types seront morts et enterrés.

BOULANGER

Allez, viens.

>*Le chemin fait le tour d'un gros rocher, derrière lequel les autres disparaissent. Boulanger accélère pour les rejoindre.*

JULIEN *(à Bonnet)*

Y a que moi qui pense à la mort dans ce collège. C'est quand même incroyable.

Ils entendent des cris, se mettent à courir. Ils s'arrêtent derrière le rocher et voient les verts un peu plus loin, attaqués par une autre patrouille, les foulards rouges. Le combat est presque terminé. Pessoz se défend avec acharnement, mais tous les rouges l'encerclent et lui arrachent son foulard de ceinture.

UN ROUGE

Vous êtes prisonniers. Suivez-nous. On va vous attacher les mains dans le dos.

PESSOZ

Vous saviez qu'on était là ?

UN ROUGE

On vous entendait à un kilomètre.

D'AUTRES ROUGES

Il en manque deux... Là-bas !... C'est Quentin !

Quatre ou cinq rouges courent vers Julien et Bonnet en essayant de les encercler.

Julien et Bonnet s'enfuient à travers la futaie [1], le plus vite qu'ils peuvent. Bonnet perd du terrain sur ses poursuivants et se fait prendre. Julien tourne brusquement à gauche et les perd de vue.

Il continue longtemps, sans se retourner, jusqu'à ce que, épuisé [2], il se couche derrière un rocher.

Il reprend son souffle, la tête dans les mains, et entend des appels, des voix, très proches, puis qui s'éloignent.

---

1. **Futaie** (f.) : forêt de grands arbres.
2. **Épuisé** : à bout de forces.

*Le silence revient. Il marche. Sa jambe lui fait mal
et le ralentit. Il se retrouve sur un chemin forestier et
voit une flèche sur un arbre.*

*Il sourit, monte dans la direction de la flèche. Au
loin, on entend encore des coups de sifflet, quelques
appels. La nuit commence à tomber.*

*Sur un rocher, il trouve un cercle qui entoure une
flèche pointée vers le sol.*

*Il cherche autour du rocher, voit des branches
cassées en forme d'étoiles. Il fouille et extrait du sol
une petite boîte en fer-blanc qui contient des
biscuits vitaminés et un papier sur lequel il lit :
« Vous avez gagné. Le jeu est terminé. Rentrez par
le même chemin. »*

*Julien se dresse, triomphant, et se met à hurler,
de toutes ses forces :*

JULIEN

J'ai le trésor ! On a gagné ! Les verts ont gagné !

*Un grand silence lui répond. Il fait nuit
maintenant. Les arbres serrés de la futaie forment
un mur noir qui l'encercle. Il prend la boîte et se met
à descendre en claudiquant, cherchant les signes
qui le ramèneront vers les autres, mais il se perd
dans un dédale de rochers. Il ouvre la boîte et
mange un biscuit. Il lance des appels, de temps en
temps, sans conviction.*

*Il entend un craquement, s'arrête brusquement.
Au-dessous de lui, une silhouette se cache derrière
un rocher.*

*Julien, terrifié, recule. Il fait craquer une branche.
L'autre se lève, regarde, se cache.*

*Julien descend en faisant le tour des rochers, très
vite. Il s'éloigne en courant quand il entend un
« Julien » étouffé.*

*Il revient et reconnaît Bonnet, mort de froid
comme lui.*

JULIEN

Ils t'ont pas attrapé ?

BONNET

Si. Ils m'ont attaché à un arbre, mais je me suis
déficelé [1].

JULIEN

Les salauds [2] !

Julien lui tend la boîte.

JULIEN

J'ai trouvé le trésor. Tout seul.

BONNET

Y a des loups dans cette forêt ?

*Ils marchent à travers les ronces [3] trébuchent
dans le noir. Bonnet gémit, ou marmonne [4] une
prière, on ne sait. Julien a de grosses larmes sur les
joues. Il chantonne* Maréchal, nous voilà. *Bonnet
se joint à lui.*

---

1. **Déficeler** : ici, détacher, défaire.
2. **Salaud** (inj.) : se dit d'un homme dont la conduite envers ses semblables est très condamnable.
3. **Ronce** (f.) : arbuste épineux.
4. **Marmonner** : murmurer entre ses dents.

Ils entendent une cavalcade, des grognements. Ils voient un sanglier [1] qui trotte entre les arbres, fouinant le sol. Julien claque des dents, de plus en plus vite. Bonnet le tire en arrière. Ils tombent, faisant craquer des branches. Le sanglier s'enfuit.

Ils débouchent sur une route goudronnée [2].

JULIEN

C'est à droite. J'en suis sûr.

BONNET

Mais non, c'est à gauche.

Ils font quelques pas, chacun de leur côté, quand ils entendent un bruit de moteur.

Deux phares viennent vers eux, deux phares de la guerre, occultés à la peinture noire. Seule une mince raie laisse passer la lumière.

Julien se met au milieu de la route, levant les bras. La voiture ralentit, s'arrête. Il entend des voix allemandes qui l'interpellent, le cliquetis [3] de fusils qu'on arme.

Pris de panique, Bonnet se jette dans les arbres, trébuche, tombe en criant.

Deux Allemands le rattrapent, leurs Mauser pointés sur lui. Ils rient quand ils voient cet enfant à terre qui les regarde, terrorisé.

---

1. **Sanglier** (m.) : porc sauvage.
2. **Goudronné** : recouvert d'asphalte.
3. **Cliquetis** (m.) : série de bruits secs.

30.

Julien et Bonnet sont coincés entre deux soldats à l'arrière de la voiture allemande. Ils partagent une couverture et grelottent.

La voiture rentre en ville. Le caporal assis à côté du chauffeur se retourne. Son français est plutôt bon.

LE CAPORAL
C'est à côté de l'église, le grand mur ?

Julien fait oui de la tête.

LE CAPORAL *(content de lui)*
Je connais. Les Bavarois, nous sommes catholiques.

31.

Le Père Hippolyte ouvre la porte du collège au caporal, qui pousse devant lui les deux enfants toujours blottis sous la couverture.

LE CAPORAL *(goguenard*[1]*)*
Bonsoir, mon Père. Est-ce que vous avez perdu des enfants ?

---

1. **Goguenard** : qui a une expression moqueuse.

LE PÈRE HIPPOLYTE

On vous a cherchés partout tous les deux. Julien, tu sais l'heure qu'il est ? Il faut toujours que tu fasses l'imbécile.

JULIEN *(il explose)*

L'imbécile ! C'est trop fort. *(Il brandit* [1] *la boîte en fer-blanc.)* J'ai trouvé le trésor, et après, tout le monde avait disparu, et après...

> *Il s'effondre en sanglots* [2]*, furieux, épuisé.*
> *Le Père Jean apparaît, suivi de quelques élèves. Il serre Julien dans ses bras.*

LE PÈRE JEAN

C'est fini, mon petit. C'est fini.

UN ÉLÈVE

Qu'est-ce qui leur est arrivé ?

UN AUTRE ÉLÈVE

Ils se sont fait arrêter par les boches [3].

> *Quelqu'un fait : « Chut ! »*

LE CAPORAL *(goguenard)*

Est-ce que les boches peuvent avoir leur couverture ?

> *Le Père Jean prend la couverture et la rend à l'Allemand.*

---

1. **Brandir** : agiter en l'air pour faire voir.
2. **S'effondrer en sanglots** : se mettre à pleurer.
3. **Boche** (m., fam. péj. vieilli) : Allemand.

LE CAPORAL

La forêt est interdite aux civils après 20 heures. Vous n'avez pas entendu parler du couvre-feu ?

LE PÈRE JEAN *(agacé)*

Vous croyez que nous l'avons fait exprès [1] ? Voulez-vous entrer boire quelque chose de chaud ?

LE CAPORAL

Merci. Nous sommes en patrouille.

> *Il salue et retourne à sa voiture.*
> *Pessoz apparaît.*

PESSOZ

Dis donc, Quentin, qu'est-ce que je me suis fait engueuler [2] à cause de toi !

JULIEN *(il claque des dents)*
Je vous ai fait gagner, espèce de con !

LE PÈRE JEAN
Emmenez-les à l'infirmerie.

---

1. **Exprès** : volontairement, avec intention.
2. **Se faire engueuler** (fam.) : se faire réprimander.

32.

L'infirmerie est située sous les combles [1]. La plupart des lits sont inoccupés.

Bonnet, assis sur son lit, est en grande conversation avec Négus.

Un peu plus loin, Julien lit, dressé sur un coude. Il lève les yeux, agacé par les rires de Négus et Bonnet. François rentre et tend à Julien une tartine avec du pâté.

FRANÇOIS

Ça va mieux, petit con ?

Tiens, je t'apporte un cadeau de Joseph. Et une lettre. Ta mère m'a quand même écrit.

JULIEN

Ma mère. C'est aussi la tienne.

FRANÇOIS

Oui, mais c'est toi le petit chéri.

Papa est tout le temps à Lille, elle doit s'envoyer en l'air [2].

JULIEN

Qu'est-ce qui te fait dire ça ?

FRANÇOIS

Les femmes, mon cher, c'est toutes des putes. Oh pardon, ma sœur…

---

1. **Combles** (m. pl.) : partie d'un édifice située directement sous la toiture.
2. **S'envoyer en l'air** (vulg.) : prendre du plaisir.

Il contourne [1] l'infirmière avec une pirouette et disparaît.

JULIEN

Quel imbécile !

Il prend la lettre de sa mère et la lit.
L'infirmière, une bonne sœur avec un grain de beauté au menton d'où sortent des poils, avance vers Julien, tenant à la main une bouteille remplie d'un liquide violet.

L'INFIRMIÈRE

C'est l'heure du badigeon [2].

JULIEN

Encore !

L'INFIRMIÈRE

Trois fois par jour.

Elle trempe [3] dans la bouteille une baguette en bois dont l'extrémité est enroulée d'ouate. Julien continue de lire la lettre.

L'INFIRMIÈRE

Ouvre la bouche... Plus grand que ça.

1. **Contourner** : faire le tour de.
2. **Badigeon** (m.) : liquide médicamenteux désinfectant dont on enduit une partie malade.
3. **Tremper** : imbiber d'un liquide.

D'une main, elle lui retient la langue avec une cuillère, et de l'autre lui enfonce [1] vigoureusement la baguette dans la gorge, la remuant [2] en tous sens comme si elle lui peignait le larynx.
Julien s'étouffe, tousse, proteste.
Ciron et Boulanger sont au pied du lit.

BOULANGER

T'as dû avoir drôlement peur hier soir !

JULIEN

Oh, pas tellement.

CIRON

Il paraît que vous avez vu des sangliers ? Ils étaient nombreux ?

Julien regarde Bonnet qui est venu se joindre à eux.

JULIEN

Une cinquantaine.

BOULANGER

Et les Allemands ? Ils ont tiré [3] ?

JULIEN

Quelques rafales [4], c'est tout.

1. **Enfoncer** : faire pénétrer.
2. **Remuer** : faire bouger, mouvoir.
3. **Tirer** : faire feu en se servant d'une arme.
4. **Rafale** (f.) : ici, coup de feu.

CIRON

Tu parles[1] !

Il prend le livre de Julien sur le lit.

CIRON

Qu'est-ce que tu lis ?

JULIEN

Les Mille et Une Nuits. C'est mon frère qui me l'a passé. Interdit par les babasses.

CIRON

Pourquoi ?

JULIEN

C'est des histoires de cul. Très chouette[2]. Je te le prêterai.

La cloche sonne.

L'INFIRMIÈRE

La récréation est terminée.

BOULANGER

Faut qu'on aille en instruction religieuse.

JULIEN

Vous embrassez la Mère Michel pour moi.

BOULANGER

Plutôt deux fois qu'une. À demain !

---

1. **Tu parles !** : expression marquant l'incrédulité de façon ironique.
2. **Chouette** : ici, amusant, intéressant.

Ciron et Boulanger s'en vont.
Bonnet attrape une mouche dans ses mains fermées. Il la saisit entre ses doigts et lui arrache une aile, délicatement.

JULIEN
T'es dégueulasse.

BONNET
Ça lui fait pas mal.

Julien mord la tartine de pâté. Il la coupe en deux et en tend une moitié à Bonnet.

BONNET
Non, merci. J'aime pas le pâté.

Julien essaie de lui mettre dans la bouche.

JULIEN
Allez, mange.

Bonnet repousse [1] la tartine et se lève, en colère.

BONNET
Non, je te dis. J'aime pas le pâté.

JULIEN
Parce que c'est du cochon ?

BONNET
Pourquoi tu me poses toujours des questions idiotes ?

---

1. **Repousser** : pousser loin de soi.

JULIEN *(à voix très basse)*
Parce que tu t'appelles Kippelstein, pas Bonnet. Au fait, c'est Kippelstein ou Kippelstin ?

> *Bonnet se jette sur lui. L'infirmière survient et les sépare.*

L'INFIRMIÈRE
Bonnet, si vous ne vous couchez pas tout de suite, je vous renvoie en étude.

> *Bonnet retourne dans son lit. Julien, sans le quitter des yeux, finit la tartine.*

33.

> *Aux lavabos, les élèves sont en tenue [1] du dimanche, vestes et cravates.*
> *Julien s'ajuste devant son miroir, très soigneusement. Il se mouille les cheveux, se fait une raie, avec une touche de narcissisme.*

JULIEN *(à son voisin)*
Tes parents viennent ?

L'AUTRE *(soupir)*
Toute la famille...

> *Bonnet vient se laver, habillé comme tous les jours.*

---

1. **Tenue** (f.) : habit, vêtement.

JULIEN *(gaiement)*

Tu t'habilles pas ? T'as pas de visites ?

BONNET

Qu'est-ce que ça peut te foutre [1] ?

34.

Les travées [2] de la chapelle sont pleines. Tous les professeurs sont là et beaucoup de parents, aux côtés de leur progéniture. Mme Quentin est avec François et Julien.

Bonnet, Négus et Dupré sont seuls, derrière, un peu comme des parias [3].

Claquement de mains. Tout le monde s'assied. Le Père Jean, qui officie, s'avance vers l'assemblée.

LE PÈRE JEAN

Aujourd'hui, je m'adresserai particulièrement aux plus jeunes d'entre vous, qui vont faire leur communion solennelle dans quelques semaines.

Mes enfants, nous vivons des temps de discorde et de haine. Le mensonge est tout-puissant, les chrétiens s'entre-tuent [4], ceux qui devraient nous guider nous trahissent. Plus que jamais, nous devons nous garder de l'égoïsme et de l'indifférence.

---

1. **Foutre** (vulg.) : ici, faire.
2. **Travée** (f.) : rangée de bancs alignés les uns derrière les autres.
3. **Paria** (m.) : en Inde, individu hors caste, privé de droits. Ici, personne exclue du groupe social.
4. **S'entre-tuer** : se tuer les uns les autres.

Vous venez tous de familles aisées [1], parfois très aisées. Parce qu'on vous a donné beaucoup, il vous sera beaucoup demandé. Rappelez-vous la sévère parole de l'Évangile : « Il est plus facile à un chameau de passer par le chas [2] d'une aiguille qu'à un riche d'entrer dans le Royaume du Seigneur. » Et saint Jacques : « Eh bien maintenant, les riches ! Pleurez, hurlez sur les malheurs qui vont vous arriver. Votre richesse est pourrie [3], vos vêtements sont rongés [4] par les vers... »

Les richesses matérielles corrompent les âmes et dessèchent leurs cœurs. Elles rendent les hommes méprisants, injustes, impitoyables dans leur égoïsme. Comme je comprends la colère de ceux qui n'ont rien, quand les riches banquettent avec arrogance.

Cette diatribe [5] suscite des réactions dans l'assistance.

MME QUENTIN
Il y va fort [6] quand même !

Un monsieur bien mis se lève et quitte la chapelle. Impassible, le Père Jean attend que l'homme soit sorti.

---

1. **Aisé** : ici, riche.
2. **Chas** (m.) : trou où passe le fil.
3. **Pourri** : ici, corrompu, méprisable.
4. **Rongé** : corrodé, attaqué et détruit par une action lente et progressive.
5. **Diatribe** (f.) : critique amère et virulente.
6. **Y aller fort** : exagérer.

LE PÈRE JEAN

Je n'ai pas voulu vous choquer, mais seulement vous rappeler que le premier devoir d'un chrétien est la charité. Saint Paul nous dit dans l'Épître d'aujourd'hui : « Frères, ne vous prenez pas pour des sages. Ne rendez à personne le mal pour le mal. Si ton ennemi a faim, donne-lui à manger. S'il a soif, donne-lui à boire. »

Nous allons prier pour ceux qui souffrent, ceux qui ont faim, ceux que l'on persécute. Nous allons prier pour les victimes, et aussi pour les bourreaux [1].

Plus tard.

Communion. Élèves et parents vont recevoir la Sainte Hostie. Julien s'avance, mains jointes, yeux baissés. Bonnet sort de son banc et vient se placer dans la file, malgré Négus qui tente de le retenir.

Il s'agenouille à côté de Julien. Le Père Jean s'avance vers eux, ciboire [2] à la main. Il approche l'hostie de la bouche de Bonnet. Quand il le reconnaît, sa main se fige [3].

Rapide échange de regards entre Bonnet, Julien et le Père Jean. Celui-ci dépose l'hostie sur la langue de Julien et continue.

1. **Bourreau** (m.) : exécuteur de la peine de mort et, par extension, personne cruelle.
2. **Ciboire** (m.) : vase sacré où l'on conserve les hosties consacrées.
3. **Se figer** : s'immobiliser.

35.

Après la messe, parents et élèves conversent par petits groupes avec les prêtres et les professeurs dans la cour du collège. Mme Quentin discute avec le Père Jean. François est auprès de Mlle Davenne, en robe du dimanche.

Julien et quelques copains simulent des combats de boxe française, s'envoyant des coups de pied, la jambe levée très haut. Ils sont excités, parlent fort, font les malins[1] en présence de leurs parents.

Ciron et Babinot viennent tourner autour de Bonnet, qui les observe.

BABINOT

En garde, Dubonnet, en garde.

Bonnet reçoit un coup de pied à la hanche. Furieux, il se jette sur Babinot. Ciron l'attrape par derrière.

CIRON

Aidez-moi, les autres. Tape-cul pour le parpaillot.

Dans la mêlée[2] qui s'ensuit, Bonnet donne une manchette[3] à Julien, qui l'empoigne et lui fait un croche-pied[4]. Bonnet l'entraîne à terre avec lui et ils roulent sur le sol, se battant avec acharnement.

Mme Quentin se précipite.

---

1. **Faire le malin** : faire l'intéressant.
2. **Mêlée** (f.) : bousculade tumultueuse.
3. **Manchette** (f.) : coup donné avec l'avant-bras.
4. **Croche-pied** (m.) : action de mettre un pied devant la jambe de quelqu'un pour le faire tomber.

MME QUENTIN

Julien, tu es complètement fou ! Ton beau costume...

> *Ils se relèvent. Julien frotte [1] sa veste. Il a une manche déchirée.*

MME QUENTIN

Nous aurons l'air de quoi au restaurant !

> *Bonnet regarde Julien, et rit. Julien se met à rire lui aussi.*

MME QUENTIN

Qu'est-ce qui vous prend ? Vous trouvez ça drôle ?

> *Cela dégénère en un fou rire contagieux, auquel Mme Quentin ne peut résister.*
> *Julien va parler à l'oreille de sa mère.*

36.

> *Le Grand Cerf est le restaurant élégant de la ville. Plusieurs tables sont occupées par des officiers de la Wehrmacht. Mme Quentin est en train de commander. Avec elle sont assis François, Julien, et Bonnet qui observe les Quentin comme s'il était au théâtre.*

---

1. **Frotter** : presser en faisant un mouvement pour nettoyer.

MME QUENTIN

Qu'est-ce que vous avez comme poisson ?

LE MAÎTRE D'HÔTEL

Il y a longtemps que nous n'avons pas eu de poisson, madame. Je vous recommande le lapin chasseur. Un demi-ticket [1] de viande par portion.

FRANÇOIS

C'est du lapin, ou du chat ?

LE MAÎTRE D'HÔTEL

Du lapin, monsieur. Avec des pommes rissolées.

MME QUENTIN

Elles sont au beurre, vos pommes de terre ?

LE MAÎTRE D'HÔTEL

À la margarine, madame. Sans ticket.

Mme Quentin regarde ses fils avec une moue [2] comique.

MME QUENTIN

Va pour le lapin chasseur. Et une bouteille de bordeaux.

Le maître d'hôtel s'éloigne. Mme Quentin tourne la tête. Les Allemands à la table d'à côté parlent bruyamment en la regardant. L'un d'eux lève son verre à son intention.

---

1. **Demi-ticket** : pendant la guerre, les aliments étaient rationnés et distribués en échange de tickets contenus dans des cartes d'alimentation.

2. **Moue** (f.) : grimace.

MME QUENTIN *(chuchote)*

Il y a de la verdure [1] aujourd'hui. Je croyais qu'ils étaient tous sur le front russe.

FRANÇOIS

Vous leur avez tapé dans l'œil [2].

MME QUENTIN *(à Bonnet)*

Vos parents n'ont pas pu venir ?

BONNET

Non, madame.

MME QUENTIN

Pauvre petit.

FRANÇOIS

Et papa, au fait ? Il avait dit qu'il viendrait.

MME QUENTIN

Il a été empêché. Des problèmes avec l'usine.

JULIEN

Comme d'habitude...

MME QUENTIN

Ton pauvre père a des responsabilités écrasantes [3] en ce moment.

FRANÇOIS

Il est toujours pétainiste ?

---

1. **Verdure** (f.) : ici, des Allemands.
2. **Taper dans l'œil de quelqu'un** : lui plaire.
3. **Écrasant** : lourd, difficile.

MME QUENTIN

Personne n'est plus pétainiste !

(À Julien) Au fait, on m'a appris ce qui t'était arrivé dans la forêt. Qu'est-ce que je n'ai pas dit au Père Jean ! Ces jeux scouts sont ridicules, avec le froid qu'il fait. Dieu sait ce qui aurait pu t'arriver, mon pauvre chou. Une balle est si vite partie !

Elle lui caresse la joue. Julien recule le visage.

FRANÇOIS

Ça lui forme le caractère.

MME QUENTIN

C'est exactement ce que le Père Jean m'a répondu. Former le caractère ! Je vous demande un peu.

JULIEN *(désignant Bonnet)*

C'est lui qui était avec moi dans la forêt.

Mme Quentin sourit à Bonnet.

MME QUENTIN

Je parie que vous êtes lyonnais. Tous les Gillet sont de Lyon et ils fabriquent tous de la soie.

JULIEN

Il s'appelle Bonnet, pas Gillet. Et il est de Marseille.

MME QUENTIN *(elle se tape la tête)*

Bien sûr !... J'ai connu une Marie-Claire Bonnet à Marseille, une cousine des Du Perron, les huiles. C'est votre mère ?

BONNET

Non, madame. Ma famille n'est pas dans les huiles.

MME QUENTIN

Tiens, ça m'étonne.

JULIEN

Le père de Bonnet est comptable.

MME QUENTIN

Ah bon !

> *Seul à une table, un vieux monsieur très élégant demande son addition. Le maître d'hôtel s'adresse à lui comme à un familier.*

LE MAÎTRE D'HÔTEL

Tout de suite, monsieur Meyer. Vous avez bien déjeuné ?

MEYER *(sourire)*

Merci. Le lapin était acceptable.

> *Deux miliciens en uniforme sont entrés dans le restaurant et inspectent les tables. Le plus jeune s'approche de Meyer.*

LE MILICIEN

Vos papiers, monsieur.

> *M. Meyer écrase sa cigarette, sort son portefeuille, tend sa carte d'identité. Le milicien y jette un œil.*

LE MILICIEN *(très fort)*

Dis donc toi, tu ne sais pas lire ? Ce restaurant est interdit aux youtres [1].

Un grand silence s'est fait dans le restaurant. Julien regarde Bonnet, qui regarde Meyer.

MME QUENTIN

Qu'est-ce qu'ils ont besoin d'embêter les gens ? Il a l'air si convenable, ce monsieur.

Le maître d'hôtel s'avance.

LE MAÎTRE D'HÔTEL

M. Meyer vient ici depuis vingt ans. Je ne peux pas le mettre à la porte quand même.

LE MILICIEN

Toi, ferme-la [2], le loufiat [3]. Je pourrais vous faire révoquer votre licence.

FRANÇOIS *(à mi-voix)*

Collabos [4] !

L'autre milicien s'avance vers lui. Il est gros et vieux, avec une moustache.

LE MILICIEN

C'est toi qui as dit ça ?

1. **Youtre** (m.) : juif.
2. **Ferme-la !** : tais-toi !
3. **Loufiat** (m., fam.) : garçon de café.
4. **Collabos** (pl.) : personnes qui, pendant la Seconde Guerre mondiale, collaborent avec les Allemands.

Mme Quentin

Tais-toi, François !

(Au milicien) C'est un enfant. Il ne sait pas ce qu'il dit.

Le milicien

Nous sommes au service de la France, madame. Ce garçon nous a injuriés.

> *Il y a des remous* [1] *dans la salle, comme si l'assistance prenait courage.*

Une femme

Laissez ce vieillard tranquille. C'est ignoble ce que vous faites.

> *D'autres voix s'élèvent :* « *Allez-vous-en... Vous n'avez pas le droit...* »

Une voix *(stridente)*

Ils ont raison. Les juifs à Moscou !

> *Une voix allemande couvre le brouhaha* [2] *:* « *Foutez le camp* [3] *!* »
> *Silence. Derrière les Quentin, un officier s'est levé. Il a un bras en écharpe, porte monocle et beaucoup de décorations. Il est ivre, il a du mal* [4] *à se tenir debout. Il s'approche du vieux milicien et le toise* [5]. *Il a une tête de plus que lui.*

---

1. **Remous** (m.) : agitation.
2. **Brouhaha** (m.) : rumeur, bruit confus.
3. **Foutez le camp !** (fam.) : allez-vous-en !
4. **Avoir du mal** : avoir de la difficulté.
5. **Toiser** : regarder avec dédain.

L'OFFICIER

Vous m'avez compris ? Foutez le camp.

Le milicien le regarde, hésite. Finalement, il salue l'Allemand et se retire, entraînant son jeune collègue.

LE JEUNE MILICIEN *(à Meyer)*

On se retrouvera !

L'Allemand s'écroule dans sa chaise. Les conversations reprennent.

MME QUENTIN

On peut dire ce qu'on veut. Il y en a qui sont bien.

FRANÇOIS

Il a fait ça pour vous épater[1].

Bonnet regarde Meyer remettre son portefeuille dans son veston.

JULIEN *(brusquement)*

On n'est pas juifs, nous ?

MME QUENTIN

Il ne manquerait plus que ça !

JULIEN

Et la tante Reinach ? C'est pas un nom juif ?

MME QUENTIN

Les Reinach sont alsaciens.

---

1. **Épater** : surprendre, attirer l'attention.

FRANÇOIS

Ils peuvent être alsaciens et juifs.

MME QUENTIN

Fichez-moi la paix. Les Reinach sont très catholiques. S'ils vous entendaient !

Remarquez, je n'ai rien contre les juifs, au contraire. À part Léon Blum [1], bien entendu. Celui-là, ils peuvent le pendre.

Julien, tiens-toi droit.

---

1. **Léon Blum** (1872-1950) : homme politique français. Chef du parti socialiste, il préside deux gouvernements du Front Populaire, en 1936-37 et 1938. En 1943, il est déporté par les Allemands.

Découvrons ensemble...

... quelque chose de plus sur Bonnet

Lisez la séquence 27 et cochez la bonne réponse :

1. Bonnet

    a. ☐ fait du grec, mais il n'est pas très intéressé.

    b. ☐ ne fait pas de grec et fait des dessins pendant le cours.

    c. ☐ ne fait pas de grec et fait des exercices de maths.

2. Avant d'entrer dans ce collège, Bonnet a fréquenté un lycée

    a. ☐ à Paris.

    b. ☐ en Belgique.

    c. ☐ à Marseille.

3. Quand Julien lui pose des questions sur sa famille, Bonnet

    a. ☐ répond volontiers.

    b. ☐ essaie d'éviter de répondre.

    c. ☐ refuse de répondre.

4. Julien apprend que

    a. ☐ le père de Bonnet a disparu depuis trois mois.

    b. ☐ le père de Bonnet est prisonnier et sa mère n'a pas donné de ses nouvelles depuis trois mois.

    c. ☐ la mère de Bonnet est prisonnière quelque part en zone libre.

... ce que François apprend à Julien sur les Juifs

Lisez la séquence 28 et répondez aux questions suivantes :

- À quoi jouent les enfants du collège ?
- Est-ce que Julien participe à ce jeu ?
- De quoi François et ses amis sont-ils en train de discuter ?
- Que font-ils pendant qu'ils discutent ?
- Que demande François à son frère ?
- Comment François définit-il les Juifs ?

... l'attitude des enfants envers Joseph

Dites si les affirmations suivantes sont vraies ou fausses :

	V	F
• Les enfants ont peur de Joseph et le respectent beaucoup.	☐	☐
....		
• Les enfants pensent que Joseph est sale.	☐	☐
....		
• Joseph se moque des enfants.	☐	☐
....		
• Moreau donne des ordres à Joseph comme s'il s'adressait à un chien.	☐	☐
....		
• Joseph est furieux avec les enfants.	☐	☐
....		

... ce qui se passe pendant une chasse au trésor dans la forêt

- Reconstruisez les événements en mettant dans l'ordre chronologique les passages suivants :

  ☐ Dans le silence de la forêt, il s'aperçoit qu'il s'est égaré. Terrifié, il entend des bruits dans le noir, mais, heureusement, il s'agit de Bonnet qui s'est de nouveau échappé après avoir été attrapé par les rouges.

  ☐ La patrouille des foulards rouges encercle celle des foulards verts, mais Bonnet et Julien se sauvent dans la forêt.

  ☐ Bonnet est pris par ses poursuivants tandis que Julien s'échappe en courant.

  ☐ Une fois seul, Julien trouve le trésor - une petite boîte en fer-blanc contenant des biscuits.

  ☐ Les deux garçons cherchent le chemin pour rentrer au collège. Une patrouille allemande les surprend et les ramène au collège.

  ☐ Le 17 janvier 1944 Bonnet et Julien participent à une sortie scoute dans la forêt. Les garçons suivent une piste dont le parcours est marqué sur les rochers par des signes. Ils portent un foulard vert.

... ce qui arrive au retour au collège

Cochez la bonne réponse :

1. Après leur retour au collège, Bonnet et Julien
- **a.** ☐ sont soignés à l'infirmerie.
- **b.** ☐ sont punis et doivent aller se coucher.
- **c.** ☐ sont enfermés dans le dortoir par punition.

2. L'infirmière
- **a.** ☐ leur fait une piqûre.
- **b.** ☐ leur fait avaler des comprimés.
- **c.** ☐ désinfecte la gorge de Julien.

3. Julien
- **a.** ☐ refuse de raconter à ses copains ce qui s'est passé.
- **b.** ☐ raconte à ses copains son aventure en exagérant un peu.
- **c.** ☐ raconte à ses copains ce qui s'est passé exactement.

4. Bonnet
- **a.** ☐ partage une tartine de pâté avec Julien.
- **b.** ☐ refuse de partager la tartine de pâté de Julien.
- **c.** ☐ offre à Julien une tartine de pâté.

5. Julien dit à Bonnet
- **a.** ☐ qu'il connaît son vrai nom.
- **b.** ☐ qu'il connaît le vrai nom de Négus.
- **c.** ☐ qu'il ne s'appelle pas Quentin.

... ce que le Père Jean dit pendant la messe du dimanche

Choisissez parmi ces résumés celui qui correspond au discours du Père Jean :

114

a. ☐ Le Père Jean s'adresse en particulier aux parents des élèves du collège et dénonce la grave situation sociale dans laquelle ils vivent. Les élèves proviennent pour la plupart de familles pauvres qui souffrent à cause de l'égoïsme de ceux qui sont plus riches qu'eux.

b. ☐ Le Père Jean s'adresse aux jeunes élèves du collège en les mettant en garde contre l'égoïsme de leur temps. Puisqu'ils sont issus pour la plupart de familles riches, il leur rappelle que leur premier devoir est la charité.

c. ☐ Le Père Jean s'adresse aux jeunes élèves qui vont faire leur communion dans quelques semaines. Il leur rappelle que, même s'ils sont très pauvres, ils peuvent toujours compter sur la solidarité et la charité de quelques familles très riches.

... ce qui se passe au restaurant

- Que demande Mme Quentin à Bonnet au sujet de ses parents ?
- Que répond Bonnet ?
- Qu'apprend-on sur le père de Julien ?
- Qu'apprend Mme Quentin à propos des origines de Bonnet ?
- Qui est M. Meyer ? Que lui arrive-t-il ?
- Que dit François aux miliciens ?
- Quelle est la réaction des autres personnes qui se trouvent dans le restaurant ?
- Comment un officier intervient-il pour résoudre la situation ?

... où se déroule l'histoire

• Indiquez le lieu où se déroule chacune des séquences de cette partie :

restaurant / forêt / salle de classe / cour / chapelle / voiture allemande / entrée du collège / infirmerie / toilettes

séquence 27 : . . . .

séquence 28 : . . . .

séquence 29 : . . . .

séquence 30 : . . . .

séquence 31 : . . . .

séquence 32 : . . . .

séquence 33 : . . . .

séquence 34 : . . . .

séquence 35 : . . . .

Analysons le texte

1. Les signes d'une amitié naissante.

Julien essaie d'en savoir davantage sur Bonnet et des signes de complicité entre les deux garçons apparaissent. Montrez comment ou en quoi les épisodes des séquences suivantes le prouvent.

Séquences	Épisodes	Interprétation
27	Questions de Julien à Bonnet	
29	Chasse au trésor	
32	La tartine de pâté et la révélation du nom Kippelstein	
34	Bonnet veut communier	
35	Fou rire après la bataille	
36	Au restaurant	

2. Les discriminations subies par les Juifs.

L'épisode du restaurant est très important car il permet de se rendre compte de la discrimination que subissaient les Juifs. Résumez-le en mettant en évidence les points suivants :

– circonstances dans lesquelles les enfants vont au restaurant ;

– attitude de Mme Quentin et des enfants ;

– présence constante du danger, d'abord dans les demi-réponses de Bonnet et ensuite, de façon dramatique, dans la tentative des miliciens de chasser M. Meyer ;

– réaction du garçon, des clients du restaurant et de François ;

– conclusion de l'épisode.

Travaillons sur la langue

- Cherchez dans le texte les expressions du français parlé correspondant à ces expressions du français standard :

  - (séquence 27) Pas tellement, une fois que tu as compris l'alphabet.

    ....

  - (séquence 27) Laisse-moi tranquille !

    ....

  - (séquence 28) Cela n'est pas vraisemblable.

    ....

  - (séquence 28) On va se faire surprendre par les moines.

    ....

  - (séquence 28) Qu'est-ce que c'est qu'un Juif ?

    ....

  - (séquence 28) Tu te moques de moi.

    ....

  - (séquence 28) Ce que tu es peureux !

    ....

  - (séquence 36) Allez-vous-en !

    ....

- Récrivez ces expressions de façon grammaticalement correcte :

  - *Pourquoi tu fais pas de grec ?*

    ....

  - *Où t'es né ?*

    ....

  - *Il s'est pas évadé ?*

    ....

– *Elle dira rien.*

....

– *Ça lui fait pas mal.*

....

– *Tu t'habilles pas ? T'as pas de visites ?*

....

Discutons ensemble

• Quelles sont les idées reçues sur les Juifs que François répète à Julien ?

• Commentez l'attitude de Julien, sa curiosité, son étonnement devant la stupidité de ces préjugés et ses craintes à propos de sa propre famille et de sa tante Reinach.

• Comment auriez-vous réagi à sa place ? Est-ce que vous vous seriez contenté des réponses de François ? Ou bien, comme Julien, auriez-vous posé des questions à vos parents ?

• La chasse au trésor est un moment important de l'histoire, car elle permet à Julien de se lier d'amitié avec Bonnet de façon plus profonde et complice. Avez-vous eu des aventures semblables avec vos camarades ? Racontez votre expérience.

• Avez-vous jamais fait partie d'un groupe scout ? Qu'est-ce qui passionne les jeunes qui participent à des sorties scoutes, à votre avis ?

• Est-ce que le discours du Père Jean est encore valable aujourd'hui ? Justifiez votre réponse.

37.

Atmosphère de dimanche dans les rues de la petite ville. On entend un limonaire [1].

Mme Quentin et Julien marchent côte à côte. Elle a le bras autour de son épaule.

MME QUENTIN
Il est gentil, ton ami, mais il ne parle pas beaucoup.

JULIEN *(sentencieux)*
Il a ses raisons.

MME QUENTIN
Ce n'est pas un crétin, alors ?

JULIEN
Pas du tout.

Mme Quentin rit, et se retourne.

MME QUENTIN
Où est passé François ?

Un peu en arrière, François donne des renseignements à un groupe de soldats allemands.

FRANÇOIS
Vous passez derrière l'église, et vous continuez tout droit, toujours tout droit, jusqu'au pont...

Les Allemands le remercient chaleureusement.

---

1. **Limonaire** (m.) : orgue de Barbarie.

JULIEN

Il les envoie de l'autre côté. Il fait toujours ça avec la verdure.

MME QUENTIN

C'est malin [1].

François les rejoint. Il est éméché [2].

FRANÇOIS

Qu'est-ce que vous diriez si je partais au maquis [3] ?

MME QUENTIN

Ne dis pas de bêtises. Tu dois passer ton bachot [4].

FRANÇOIS

Le bachot, le bachot. Il y a des choses plus importantes...
Julien vous a dit qu'il voulait être babasse ?

JULIEN

Je ne veux pas être babasse. Je veux être missionnaire au Congo.

MME QUENTIN

Je vous défends d'employer ce mot stupide de babasse. C'est dégoûtant. Vous devriez être pleins de reconnaissance pour ces malheureux moines qui se crèvent la santé à essayer de vous donner une éducation.

1. **C'est malin** : ici, c'est stupide.
2. **Éméché** : légèrement ivre.
3. **Partir au maquis** : s'engager dans la Résistance.
4. **Bachot** (m.) : baccalauréat.

François et Julien terminent la phrase à l'unisson avec leur mère.

MME QUENTIN *(riant)*
Parfaitement !

François pousse Julien du coude : Joseph, endimanché [1], débouche d'une ruelle, tenant par le bras une fille très maquillée.

LA FILLE
Tu m'énerves ! C'est fou ce que tu m'énerves ! Fiche-moi la paix.

Elle lui lâche le bras et fait demi-tour. Joseph lui court après.

JOSEPH
Fernande, Fernande !

FRANÇOIS ET JULIEN
Fernande ! Fernande !

MME QUENTIN
Vous la connaissez ?...

Les deux frères rigolent.

MME QUENTIN
Mon petit Julien, tu es bien sûr que tu veux être prêtre ?

---

1. **Endimanché** : qui porte ses habits du dimanche.

JULIEN

C'est contre vos idées ?

MME QUENTIN

Absolument pas. Ton père et moi serions très fiers. Mais je voudrais tellement que tu fasses polytechnique comme ton grand-père.

FRANÇOIS

Ne vous inquiétez pas. Il tombera amoureux et il défroquera [1]. C'est un grand sentimental, comme Joseph.

> *Julien lui envoie un coup de poing. Les deux frères se battent.*
> *Ils croisent une famille du collège : le fils, les parents, et la sœur, une jolie jeune fille de dix-sept ans. Le regard de la jeune fille croise celui de François. Celui-ci chuchote à son frère :*

FRANÇOIS

Dis donc, elle est bandante [2], la sœur de Laviron. Je vais lui faire un frais.

> *Il fait demi-tour [3] et rejoint les Laviron.*
> *Mme Quentin regarde sa montre. Elle rejoint Julien et le serre contre elle.*
> *Julien se dégage [4].*

---

1. **Défroquer** : quitter l'état monastique.
2. **Bandante** : belle et excitante.
3. **Faire demi-tour** : revenir sur ses pas.
4. **Se dégager** : se libérer.

MME QUENTIN

Alors, c'est fini les câlins [1]... Mais dis donc, tu as un peu de moustache.

JULIEN

Si je rentrais avec vous à Paris ? Papa ne le saurait pas.

Elle le regarde, déconcertée. Elle le serre dans ses bras.

38.

Bonnet et quelques élèves descendent l'escalier du collège, croisant Julien, trois pots de confiture dans les bras, l'air sinistre.
Bonnet fait demi-tour et le rejoint.

BONNET

Elle est gentille, ta mère. Qu'est-ce qu'elle parle vite !

JULIEN

Elle est folle.

BONNET

Tu vas la revoir bientôt. Vous allez sortir pour le Mardi gras.

---

1. **Câlin** (m.) : geste affectueux.

39.

Fin du dîner. Les élèves et les professeurs poussent les tables du réfectoire, installent un écran pour la séance hebdomadaire de cinéma. Le Père Michel charge le projecteur, sous l'œil critique de Moreau.

MOREAU

Si vous faites ça, nous allons casser comme l'autre fois.

LE PÈRE MICHEL

Je connais très bien cette machine !

Encore attablés, Bonnet et Julien se partagent un pot de confiture qu'ils étalent sur des biscottes.

BONNET

Qu'est-ce qu'elle est bonne, ta confiture !

JULIEN

C'est Adrienne qui la fait.

BONNET

C'est ta sœur, Adrienne ?

JULIEN

Non. C'est la cuisinière... Pourquoi tu ris ? Vous n'avez pas de cuisinière ?

BONNET

Non.

JULIEN

Vous mangez au restaurant ?

BONNET *(riant)*

Mais non ! Ma mère fait très bien la cuisine.

> *Deux grands viennent prendre le banc où ils sont assis.*

UN GRAND

Poussez-vous, les mômes [1].

JOSEPH

Dites donc, c'est mes confitures que vous bouffez.

JULIEN

Oh, ça va.

> *M. Florent accorde son violon. Il va accompagner les images muettes de Charlie Chaplin avec l'aide de Mlle Davenne au piano.*
> *Bonnet et Julien sont assis côte à côte. La lumière s'éteint, le projecteur se met à cliqueter et le titre du film,* Charlot émigrant, *apparaît sur l'écran.*
> *M. Florent et Mlle Davenne attaquent le* Rondo Capriccioso *de Saint-Saëns. Le pathos de la musique s'accorde avec le comique langoureux [2] de Chaplin.*
> *Les enfants regardent fascinés, moment tendre, moment d'oubli. François, debout à côté de Mlle Davenne, tourne les pages de la partition.*

---

1. **Môme** (m. et f., fam.) : enfant.
2. **Langoureux** : tendre et rêveur.

Quand vient une scène de poursuite, M. Florent enchaîne sur un mouvement rapide. La salle rit beaucoup. Ils connaissent le film par cœur et annoncent les gags à l'avance.

Ceux qui rient le plus sont Joseph et le Père Jean, côte à côte. C'est une surprise de voir ce prêtre austère plié en deux, riant aux éclats, se tapant sur les cuisses aux virevoltes du petit clown.

La musique se calme, Chaplin redevient sentimental. Il fait sa cour à la belle Edna Purviance. Enfants et professeurs ont l'œil rêveur. Un petit cri aigu, une bousculade [1] dans la pénombre. François tente d'embrasser Mlle Davenne, qui ne se laisse pas faire.

Le bateau des émigrants entre dans le port de New York. Négus, Bonnet et Julien regardent la statue de la Liberté apparaître sur l'écran.

40.

Le jour commence à peine à se lever à travers les fenêtres du dortoir. Les enfants sont écrasés dans leur lit. Personne ne bouge. On entend un « Merde » étouffé.

Julien se dresse sur son lit, glisse la main sous les draps.

JULIEN

Et merde...

---

1. **Bousculade** (f.) : ici, mouvement.

Il rabat les couvertures et, avec sa serviette de toilette, éponge la tache humide. Cette fois, derrière son dos, Sagard l'observe.
Moreau rentre et allume.

MOREAU

Debout, c'est l'heure.

Julien, vite, recouvre le drap et fait mine de s'habiller. Mais Sagard attrape la serviette par le bout des doigts et la brandit.

SAGARD

Quentin pisse au lit. Quentin pisse au lit.

Julien se rue sur lui et, méchamment, le jette à terre. Il récupère sa serviette.
Mais d'autres élèves reprennent, en faisant cercle autour de Julien :

LES ÉLÈVES

Quentin pisse au lit. Quentin pisse au lit.

Julien, humilié, fou de rage, les repousse. Bonnet est à ses côtés, deux contre tous les autres.

41.

Aux lavabos, Julien se confie à Bonnet, tout en se lavant les dents.

JULIEN

À chaque fois, c'est le même coup. Je suis au milieu d'un rêve formidable, j'ai envie de pisser, j'ouvre ma braguette, tout va bien. Et puis je me réveille en sentant la pisse chaude couler sur mon ventre. C'est pas marrant [1], mon vieux.

42.

La neige tombe sur la cour de récréation.
Julien apprend à Bonnet à se tenir sur une paire d'échasses. Bonnet titube et tombe.

JULIEN
Allez, remonte. N'aie pas peur.

SAGARD *(en passant)*
Pisse-au-lit.

Julien lui court après.

JULIEN
Toi, le gros Sagard, tu vas prendre une bonne raclée [2].

---

1. **Marrant** : amusant.
2. **Raclée** (f., fam.) : volée de coups.

On entend des hurlements. La volumineuse Mme Perrin surgit de la cuisine, poursuivant Joseph qu'elle frappe avec un torchon.

MME PERRIN

Salopard [1], espèce de salopard ! Tu vas voir...

On dirait le film de la veille et les élèves rient, mais la cuisinière est vraiment furieuse. Elle a un verre dans le nez [2], elle titube et manque de tomber.
Elle aperçoit le Père Michel parmi les joueurs d'échasses.

MME PERRIN

Père Michel, Père Michel ! Je l'ai attrapé en train de voler du saindoux [3]. Il le mettait dans son sac pour aller le vendre.

Je vous l'avais bien dit qu'il volait... Voleur, voleur, saloperie !

Tout en parlant, elle continue à taper sur Joseph, acculé contre un mur. Il lève les bras pour se protéger et semble terrifié.

JOSEPH

C'est pas vrai, elle ment ! C'est elle qui vole !

Les jeux se sont arrêtés, tout le monde regarde. Le Père Michel prend Joseph par le bras et l'entraîne vers la cuisine.

---

1. **Salopard** (m.) : voyou, délinquant.
2. **Elle a un verre dans le nez** : elle est un peu ivre.
3. **Saindoux** (m.) : graisse de porc fondue.

Le Père Michel

Pas devant les enfants, madame Perrin. Rentrez dans votre cuisine et calmez-vous.

François *(à Julien)*

Je lui avais dit à ce crétin qu'il allait se faire piquer.

Ils lèvent la tête et aperçoivent le Père Jean, qui observe la scène de la fenêtre de son bureau.

43.

Sept élèves de différentes classes sont alignés dans le bureau du Père Jean. Parmi eux, François et Julien.

Le Père Jean

Joseph volait les provisions du collège et les revendait au marché noir. Mme Perrin aurait dû nous prévenir plus tôt et je ne crois pas qu'elle soit innocente.

Mais il y a plus.

Il montre sur sa table des boîtes de pâté, des bonbons, des pots de confiture.

Le Père Jean

Voilà ce qu'on a trouvé dans son placard. Ce sont des provisions personnelles. Il vous a nommés tous les sept.

Il prend une boîte de pâté.

LE PÈRE JEAN

Auquel d'entre vous appartient ce pâté ?

UN ÉLÈVE

À moi.

LE PÈRE JEAN

Et ces confitures ?

JULIEN

À moi.

LE PÈRE JEAN

Vous savez ce que vous êtes ? Un voleur, tout autant que Joseph.

JULIEN

C'est pas du vol. Elles m'appartiennent, ces confitures.

LE PÈRE JEAN

Vous en privez vos camarades.

(À tous) Pour moi, l'éducation, la vraie, consiste à vous apprendre à faire bon usage de votre liberté. Et voilà le résultat ! Vous me dégoûtez. Il n'y a rien que je trouve plus ignoble que le marché noir. L'argent, toujours l'argent.

FRANÇOIS

On ne faisait pas d'argent. On échangeait, c'est tout.

Le Père Jean s'avance vers lui, le visage dur.

LE PÈRE JEAN

Contre quoi ?

FRANÇOIS *(après une hésitation)*
Des cigarettes.

LE PÈRE JEAN
Quentin, si je ne savais pas tous les problèmes que cela poserait à vos parents, je vous mettrais à la porte tout de suite, vous et votre frère.

Je suis obligé de renvoyer Joseph, mais je commets une injustice. Vous êtes tous privés de sortie jusqu'à Pâques. Vous pouvez retourner à l'étude.

> *Les élèves sortent. François chuchote à Julien :*

FRANÇOIS
On s'en tire bien.

> *Dans le couloir, ils se trouvent en face de Joseph qui attend avec le Père Michel, le dos au mur. Il pleurniche [1] comme un gosse [2].*

JOSEPH
Et où je vais aller, moi ? J'ai même pas où coucher.

> *Les élèves sont très gênés. Julien lui met une main sur l'épaule.*

LE PÈRE MICHEL
Allez en classe.

> *Ils s'éloignent. À l'extrémité du couloir, Julien se retourne et voit le Père Jean qui apparaît à la porte de son bureau.*

1. **Pleurnicher** : pleurer.
2. **Gosse** (m., fam.) : enfant.

Le Père Jean *(à Joseph)*
Allez voir l'économe. Il vous paiera votre mois.

Joseph
Y a que moi qui trinque [1]. C'est pas juste.

Le Père Michel
Allez, viens, Joseph.

> *Il l'entraîne, sous le regard du Père Jean, qui semble regretter la décision qu'il a prise.*

44.

> *Bonnet ouvre la porte de la chapelle, qui est déserte. Il fait quelques pas, s'arrête, enfonce son béret sur sa tête. Défi, prière, on ne sait.*
> *Julien et les autres quatrièmes entrent les uns après les autres en chahutant. Le Père Michel surgit derrière eux, les bras chargés de fleurs.*

Le Père Michel
Qu'est-ce que vous faites là ?

Boulanger
On a chorale avec Mlle Davenne.

Le Père Michel
Ça tombe bien. Vous et Babinot, vous allez m'aider à arranger les fleurs pour dimanche.

---

1. **Trinquer** (fam.) : ici, subir de graves conséquences.

Julien est le seul à remarquer Bonnet qui recule derrière un pilier, son béret sur la tête. Leurs regards se croisent.

Mlle Davenne entre en courant. Elle s'installe à l'harmonium.

MLLE DAVENNE

Bon ! Nous allons reprendre le *Je crois en toi, mon Dieu.*

Elle regarde autour d'elle.

MLLE DAVENNE

Bonnet n'est pas là ?

Julien se retourne vivement.

JULIEN

Non, mademoiselle. Il est à l'infirmerie.

MLLE DAVENNE

Ah bon.

Ils commencent à chanter : Je crois en toi, mon Dieu, je crois en toi...

45.

Bonnet joue un boogie-woogie sur le piano de la salle de musique.
Il s'arrête et montre à Julien comment faire la pompe sur les notes graves [1].

BONNET

Tu vois, c'est facile. Avec la main gauche, tu fais ça.

Julien essaie. Il est interrompu par le bruit assourdissant des sirènes d'alerte.

BONNET

Faut qu'on aille à l'abri.

On entend des coups de sifflet, des appels, un bruit de course qui se rapproche.
Julien entraîne Bonnet derrière le piano.
Moreau entre une seconde, croit que la pièce est vide et repart.

JULIEN

Ils sauront pas qu'on est manquants. Ils comptent jamais.

Plus tard.
Debout devant le piano, ils jouent un boogie à quatre mains. Julien fait la basse, Bonnet improvise sur le haut du clavier. Ils rient aux éclats.

---

1. **La pompe sur les notes graves** : la formule rythmique constante sur le bas du clavier.

46.

Le collège semble abandonné. Seules, deux silhouettes d'enfants au milieu de la cour enneigée.
Julien et Bonnet écoutent les bruits lourds des bombardiers et les rafales sèches de la D.C.A. [1] allemande.

BONNET

J'espère qu'ils vont se décider à débarquer, les Américains.

JULIEN

Tu vas rester au collège quand la guerre sera finie ?

BONNET

Je ne sais pas... Je ne crois pas.

Il a comme un tremblement de tout le corps.

JULIEN

Tu as peur ?

BONNET

Tout le temps.

---

1. **D.C.A.** : défense antiaérienne.

47.

Dans la cuisine, Bonnet et Julien profitent de l'alerte pour se faire rôtir des châtaignes. Ils se brûlent les mains en les dépiautant[1].

JULIEN

Y a combien de temps que tu l'as pas vu ?

BONNET

Mon père ? Ça fait presque deux ans.

JULIEN

Moi, mon père non plus, je ne le vois jamais.

Il prend brusquement le bras de Bonnet et tous deux s'accroupissent[2] sous la grande table.
Joseph entre dans la cuisine. Il va ouvrir un tiroir et fouille, leur tournant le dos.
Julien se relève.

JULIEN

Qu'est-ce que tu fais là, Joseph ?

Joseph sursaute.

JOSEPH

J'ai oublié des affaires. Et toi, qu'est-ce que tu fais là ?

Il s'éloigne en claudiquant. Les deux amis échangent un sourire.

---

1. **Dépiauter** (fam.) : enlever la peau.
2. **S'accroupir** : s'asseoir sur ses talons.

48.

Les élèves sont tous endormis. Au fond du dortoir, une lampe de poche troue[1] la pénombre.
Bonnet est allongé et écoute Julien, assis au pied du lit, qui lui lit un passage des Mille et Une Nuits.

JULIEN

« Et d'un mouvement rapide, elle rejeta ses voiles et se dévêtit tout entière pour apparaître dans sa native nudité. Béni soit le ventre qui l'a portée !

« La princesse était d'une beauté douce et blanche comme un tissu de lin, elle répandait de toutes parts la suave odeur de l'ambre, telle la rose qui sécrète elle même son parfum originel. Nour la pressa dans ses bras et trouva en elle, l'ayant explorée dans sa profondeur intime, une perle encore intacte. Et il se mit à promener sa main sur ses membres charmants et son cou délicat, à l'égarer[2] parmi les flots de sa chevelure.

« Et elle, de son côté, ne manqua pas de faire voir les dons qu'elle possédait. Car elle unissait les mouvements lascifs[3] des filles arabes à la chaleur des Éthiopiennes, la candeur effarouchée[4] des Franques à la science consommée des Indiennes, la coquetterie des femmes du Yamân à la violence musculaire des femmes de la Haute-Égypte, l'exiguïté des organes des Chinoises à l'ardeur des filles du Hedjza.

1. **Trouer** : perforer, faire une ouverture.
2. **Égarer** : ici, perdre, laisser aller.
3. **Lascif** : sensuel.
4. **Effarouché** : craintif, intimidé.

« Aussi les enlacements ne cessèrent de succéder aux embrassements, les baisers aux caresses et les copulations aux foutreries, jusqu'à ce que, fatigués de leurs transports et de leurs multiples ébats [1], ils se fussent endormis enfin dans les bras l'un de l'autre, ivres de jouissance. Ainsi finit... »

Julien lève la tête. Bonnet s'est endormi.

49.

Dans la salle de classe, M. Guibourg donne des nouvelles de la guerre, une règle pointée vers la carte d'Europe, sur laquelle des petits drapeaux marquent les positions respectives des armées.

M. GUIBOURG

Les Russes ont lancé une grande offensive en Ukraine. D'après la radio de Londres, l'Armée rouge a crevé [2] le front allemand sur 100 kilomètres à l'ouest de Kiev. D'après Radio-Paris, cette offensive a été repoussée avec de lourdes pertes. La vérité est probablement entre les deux.

Bonnet lève la tête. Par la fenêtre, il voit Moreau courir et rentrer dans le bâtiment d'en face.

1. **Ébats** (m. pl.) : ici, plaisirs amoureux.
2. **Crever** : ici, pénétrer, percer.

JULIEN et BOULANGER *(à mi-voix)*

Radio-Paris ment,

Radio-Paris ment,

Radio-Paris est allemand.

M. GUIBOURG

En Italie, par contre, les Américains et les Anglais continuent de ne pas avancer d'un pouce devant le mont Cassin.

Prenez vos cahiers. Nous allons faire un exercice d'algèbre.

> *Il écrit une formule au tableau noir.*
> *Un élève pète. Rires. M. Guibourg ne se retourne pas.*

SAGARD

Je peux sortir, m'sieur ? C'est la soupe du collège.

M. GUIBOURG

Il faut toujours que ce soit vous, Sagard. Allez.

> *Sagard sort. On entend une voix allemande : « Halt ! »*
> *Sagard rentre dans la classe à reculons, poussé par un grand Feldgendarme [1] casqué. Il porte un imperméable vert olive, une plaque de métal lui barre la poitrine, et il a une mitraillette en bandoulière [2]. Il renvoie Sagard à sa place.*
> *Julien et tous les autres ont les yeux fixés sur le soldat. Celui-ci s'efface pour laisser entrer un homme petit, vêtu d'un manteau marron.*

---

1. **Feldgendarme** : soldat allemand.
2. **En bandoulière** : soutenu par une bande de cuir ou d'étoffe posée sur l'épaule.

L'homme remonte les pupitres, s'arrête devant le professeur, qu'il salue sèchement.

L'HOMME

Doktor Muller, Gestapo de Melun.

Il se tourne vers les élèves.

MULLER

Lequel d'entre vous s'appelle Jean Kippelstein ?

Il parle bien français, avec un fort accent.
Les élèves se regardent entre eux. Julien baisse les yeux, figé.

MULLER

Répondez !

M. GUIBOURG

Il n'y a personne de ce nom dans la classe.

Muller se met à marcher le long des pupitres, scrutant les visages des enfants.
Il se retourne, aperçoit la carte d'Europe avec ses petits drapeaux. Il va arracher les drapeaux russes et américains. Il tourne le dos à Julien, qui ne peut s'empêcher de regarder vers Bonnet, une fraction de seconde. Muller se retourne, intercepte le regard. Il traverse la classe, lentement, et vient se planter devant Bonnet.
Celui-ci le regarde, un long moment. Puis il se lève, sans un mot. Il est blanc, mais très calme.
Il range ses livres et ses cahiers en une pile bien nette sur son pupitre, va prendre son manteau et son béret accrochés au mur. Il serre la main des élèves près de lui, toujours sans un mot.

Muller crie un ordre en allemand. Le Feldgendarme vient tirer Bonnet par le bras, l'empêchant de serrer la main de Julien, et le pousse brutalement devant lui. Ils quittent la pièce.

Le silence est rompu après quelques secondes par Muller.

MULLER

Ce garçon n'est pas un Français. Ce garçon est un juif. En le cachant parmi vous, vos maîtres ont commis une faute très grave vis-à-vis des autorités d'occupation.

Le collège est fermé. Vous avez deux heures pour faire vos bagages et vous mettre en rang dans la cour.

Il s'en va rapidement. La classe reste figée un moment.

Le Père Michel entre, parle à voix basse à M. Guibourg. Les questions fusent. Tout le monde se lève, sauf Julien qui reste à sa place, le regard droit devant lui.

LES ÉLÈVES

Qu'est-ce qu'il se passe ? Où est-ce qu'ils emmènent Bonnet ?

LE PÈRE MICHEL

Calmez-vous. Écoutez-moi. Ils ont arrêté le Père Jean. Il semble que nous ayons été dénoncés.

Un grand murmure des enfants répond à cette nouvelle.

JULIEN

Et Bonnet ?

LE PÈRE MICHEL

Bonnet, Dupré et Lafarge sont israélites. Le Père Jean les avait recueillis au collège parce que leur vie était en danger. Vous allez monter au dortoir et faire vos valises, rapidement et dans le calme. Je compte sur vous. Auparavant nous allons dire une prière pour le Père Jean et vos camarades.

Il leur fait réciter le Notre Père.

50.

Les élèves font leurs bagages, très vite et sans un mot. Julien finit de remplir son sac et s'assied sur son lit.

Quelqu'un rentre et chuchote quelque chose.

La rumeur se répand à voix basse jusqu'à Julien.

BABINOT

Négus s'est barré [1].

François pénètre dans le dortoir, son sac à la main, cherchant Julien.

JULIEN

Ils ont pas eu Négus.

---

1. **Se barrer** (fam.) : s'enfuir.

FRANÇOIS

Je sais. Ils le cherchent, lui et Moreau. Ils ont trouvé des tracts [1] de la Résistance dans le bureau du Père Jean.

Le Père Hippolyte frappe dans ses mains.

LE PÈRE HIPPOLYTE

Ceux qui sont prêts, prenez vos affaires et allez au réfectoire. Quentin, faites le sac de Laviron et portez-le-lui à l'infirmerie. Faites vite.

FRANÇOIS

Tu veux que je t'aide ?

Julien fait non de la tête et va vider le casier de Laviron. Les autres s'en vont.
Julien est seul dans le dortoir quand Bonnet rentre avec un Feldgendarme.

L'ALLEMAND

Schnell [2] !

Bonnet va à son casier et rassemble ses vêtements, évitant le regard de Julien qui s'est rapproché de lui. L'Allemand allume une cigarette, leur tournant le dos un instant.

BONNET

T'en fais pas [3]. Ils m'auraient eu de toute façon.

---

1. **Tract** (m.) : brochure de propagande politique.
2. **Schnell !** (allemand) : vite !
3. **T'en fais pas** : ne t'inquiète pas.

JULIEN
Ils ont pas eu Négus.

BONNET
Je sais.

Il lui tend une pile de livres.

BONNET
Prends-les. Je les ai tous lus.

Julien sort un livre de sous son matelas.

JULIEN
Tu veux *Les Mille et Une Nuits* ?

Bonnet prend le livre et le fourre [1] dans sa valise. L'Allemand se retourne.

L'ALLEMAND
Schnell, Jude [2] !

Bonnet ferme sa valise et se hâte de le rejoindre.

1. **Fourrer** : mettre rapidement.
2. **Jude** (allemand) : Juif, Israélite.

51.

Julien rentre dans l'infirmerie, portant le sac à dos de Laviron. La sœur infirmière est très agitée.

L'INFIRMIÈRE
Qu'est-ce que tu viens faire ici ? File !

JULIEN
Je lui porte son sac.

> *Il pose le sac à côté de Laviron. Les autres lits sont vides.*

JULIEN
Tu vas te lever ?

> *Au lieu de répondre, Laviron se dresse et, de la tête, lui indique une petite porte. L'infirmerie est sous les combles et elle donne sur le grenier.*
> *Derrière la porte apparaît la tête de Moreau. Il fait signe à l'infirmière, qui a un geste d'agacement.*

L'INFIRMIÈRE
Qu'est-ce que vous voulez encore ?

MOREAU
On ne peut pas rester là. Ils fouillent le grenier.

> *Il court vers la porte d'entrée, l'ouvre. On entend des voix allemandes venant de l'escalier.*
> *Il revient vers le grenier, ramène Négus et le fait se glisser tout habillé dans un des lits vides.*

MOREAU

Ma sœur, donnez-lui une compresse [1], vite !

L'INFIRMIÈRE

Fichez-moi la paix. Vous allez tous nous faire arrêter.

> *Moreau a juste le temps de se cacher dans un placard.*
> *La porte s'ouvre, un Feldgendarme entre, avance dans la pièce.*
> *Négus remonte la couverture jusqu'à son nez.*
> *L'infirmière laisse tomber la compresse qu'elle tenait à la main. Elle tremble, littéralement, et s'assied sur une chaise.*
> *L'Allemand la regarde, ramasse la compresse et la lui rend. Un autre soldat surgit, venant du grenier. Ils discutent en regardant autour d'eux.*

LE PREMIER ALLEMAND *(il renifle)*

Il y a un juif ici, je sais.

> *Julien fait un pas en avant.*

JULIEN

On n'a vu personne.

> *Les Allemands se tournent vers lui. Il n'en mène pas large [2].*

LE DEUXIÈME ALLEMAND

Viens ici, toi. Baisse ta culotte.

---

1. **Compresse** (f.) : pièce de gaze.
2. **Il n'en mène pas large** : il n'est pas rassuré du tout.

Julien défait sa ceinture.

Il voit l'autre Allemand, penché vers l'infirmière, se redresser, aller vers Négus et, d'un geste brusque, tirer la couverture, découvrant le garçon tout habillé.

L'Allemand éclate de rire, prend Négus par l'oreille et le sort du lit, rejoint par son collègue qui tient un pistolet dans la main.

Ils sortent, Négus toujours tiré par l'oreille.

Moreau sort du placard.

MOREAU

Qu'est-ce qui s'est passé ?

JULIEN

C'est elle.

L'INFIRMIÈRE *(presque hystérique)*

Foutez le camp !

MOREAU

Je vais passer sur le toit. Je sauterai dans le jardin du couvent. Adieu, Julien.

Il l'embrasse, file dans le grenier, soulève un vasistas [1], et se glisse sur le toit.

---

1. **Vasistas** (m.) : petite ouverture munie d'un vantail.

52.

Julien dévale un escalier quatre à quatre, ouvre une porte et s'arrête au milieu d'une courette [1], regardant en l'air.

Il voit la silhouette de Moreau passer de l'autre côté du toit et disparaître.

Julien sourit. Il se retourne brusquement, entendant une voix.

Deux hommes se tiennent cachés dans un angle de la courette. L'un d'eux avance vers Julien et l'interpelle en allemand. L'autre reste caché. On voit à peine son visage.

JULIEN
Joseph !

Joseph se détache du mur et s'approche de Julien.

JOSEPH *(à l'Allemand)*
C'est un ami.

L'ALLEMAND
Zwei minuten [2].

JULIEN
Qu'est-ce que tu fais avec eux ?

JOSEPH
T'es content ? Tu vas avoir des vacances.

---

1. **Courette** (f.) : petite cour.
2. **Zwei minuten** (allemand) : deux minutes.

*Joseph tend sa cigarette à Julien qui hésite, puis
la prend. Il s'en allume une autre.*
*Julien le regarde intensément, comme s'il refusait
d'admettre l'évidence.*

JOSEPH
T'en fais pas. C'est que des juifs...

*Julien tient la cigarette dans ses doigts, sans
fumer.*

JOSEPH
Bonnet, tu l'aimais bien ?

*Julien recule, en fixant Joseph. Celui-ci
brusquement le rattrape et le retient par l'épaule.*

JOSEPH
Fais pas le curé [1]. Tout ça c'est de votre faute. Si
j'avais pas fait d'affaires avec vous, il m'aurait jamais
foutu à la porte [2]. La Perrin, elle volait plus que moi.

Julien se dégage et court vers la porte.

JOSEPH *(de loin)*
Fais pas le curé, j' te dis. C'est la guerre, mon vieux.

Julien se retourne un instant, et s'enfuit.

---

1. **Fais pas le curé** : ne te scandalise pas.
2. **Foutu à la porte** (fam.) : chassé, renvoyé.

53.

Muller et quelques Feldgendarmes sortent du bâtiment et avancent rapidement dans la cour, où tous les élèves du collège sont en train de se mettre en rangs. Il fait un froid glacial, les garçons sautent sur place pour se réchauffer.

MULLER

Est-ce qu'il y a d'autres juifs parmi vous ?

Un grand silence lui répond.
Muller passe lentement devant les élèves alignés, les dévisageant.
Il s'arrête devant un jeune garçon qui a des cheveux noirs bouclés et une grosse bouche.

MULLER

Toi, tu serais pas juif ? Ton nom ?

LE GARÇON

Pierre de la Rozière.

MULLER

Va te mettre contre le mur.

Le garçon, tremblant, s'exécute.
Muller donne un ordre en allemand. Un Feldgendarme s'avance, tenant une pile de cartes d'alimentation dans les mains. Il met ses lunettes et commence à lire les noms sur les cartes. Chaque élève appelé va s'aligner contre le mur.

LE FELDGENDARME

Abadie, Jean-Michel... D'Aiguillon, Emmanuel... Amigues, Dominique... Anglade, Bernard...

Boulanger, blanc, se penche vers Julien.

BOULANGER

Tu crois qu'ils vont nous emmener ? On n'a rien fait, nous.

> *Des cris, des pleurs interrompent l'appel. Un Allemand entre dans la cour, poussant devant lui trois petites filles. Muller se dirige vers le soldat, lui parle un instant.*

UNE PETITE FILLE *(en larmes)*

On était venues se confesser.

> *Muller sourit, les laisse partir et revient vers les élèves.*

MULLER

Ce soldat a fait son devoir. Il avait l'ordre de ne laisser sortir personne. La discipline est la force du soldat allemand. Ce qui vous manque, à vous Français, c'est la discipline.

> *Muller s'adresse maintenant aux professeurs alignés devant la cuisine.*

MULLER

Nous ne sommes pas vos ennemis. Vous devez nous aider à débarrasser la France des étrangers, des juifs.

> *L'appel reprend.*

LE FELDGENDARME

Babinot, Jean-François... Bernay-Lambert, Alain... De Bigorre, Geoffroy...

À ce moment, le Père Jean apparaît dans la cour, une cape sur sa bure, tête nue, portant une légère valise. Il est suivi de soldats qui encadrent Bonnet, Négus et Dupré, eux aussi avec leurs sacs.

Quand le groupe atteint la porte de la rue, le Père Jean se retourne.

LE PÈRE JEAN *(très fort, très clair)*
Au revoir, les enfants ! À bientôt.

Il leur envoie un baiser avec la main.
Un instant de silence.
Un élève crie.

L'ÉLÈVE
Au revoir, mon Père.

Tous les élèves reprennent.

TOUS
Au revoir, mon Père.

Un soldat pousse brutalement le Père Jean dans la rue. Bonnet, bousculé, se retourne un instant dans l'encadrure de la porte. Son regard cherche Julien, qui fait un pas en avant et lui fait un petit signe de la main. Bonnet disparaît.

On reste sur Julien un peu en avant des autres. Il regarde fixement la porte vide. Sur ce visage d'enfant, on entend une voix adulte.

LA VOIX
Bonnet, Négus et Dupré sont morts à Auschwitz, le Père Jean au camp de Mauthausen. Le collège a rouvert ses portes en octobre 1944. Plus de quarante ans ont passé, mais jusqu'à ma mort je me rappellerai chaque seconde de ce matin de janvier.

Découvrons ensemble...

... ce qui se passe encore avant le départ de Mme Quentin

Relisez les séquences 37 et 38 et cochez la bonne réponse :

1. Mme Quentin remarque que Bonnet
   a. ☐ est très bavard.
   b. ☐ est très inquiet.
   c. ☐ est très silencieux.

2. Julien explique à sa mère que Bonnet
   a. ☐ est stupide.
   b. ☐ est timide.
   c. ☐ n'est pas du tout stupide.

3. François parle avec des soldats allemands et
   a. ☐ leur montre le bon chemin.
   b. ☐ leur montre un faux chemin.
   c. ☐ refuse de leur donner des indications.

4. François demande à sa mère ce qu'elle dirait
   a. ☐ s'il s'engageait dans la Résistance.
   b. ☐ s'il devenait prêtre.
   c. ☐ s'il devenait missionnaire.

5. Julien, de son côté, voudrait devenir
   a. ☐ soldat.
   b. ☐ missionnaire.
   c. ☐ professeur.

6. Sa mère serait

    a. ☐ tout à fait contraire à cette décision.

    b. ☐ ne s'opposerait pas à cette décision, même si elle aimerait mieux qu'il suive les mêmes études que son grand-père.

    c. ☐ tout à fait d'accord, puisque c'est le métier dont elle a toujours rêvé pour son fils.

7. Julien dit à sa mère qu'il voudrait

    a. ☐ rentrer à Paris avec elle.

    b. ☐ changer de collège.

    c. ☐ revoir son père.

8. Bonnet trouve que la mère de Julien est

    a. ☐ folle.

    b. ☐ gentille.

    c. ☐ distraite.

... une séance de cinéma

Relisez la séquence 39 et dites si les affirmations suivantes sont vraies ou fausses :

	V	F
• Les séances de cinéma sont quotidiennes.	☐	☐
• C'est le Père Michel qui s'occupe du projecteur, assisté par Moreau.	☐	☐
• En attendant la séance, Julien et Bonnet mangent du gâteau.	☐	☐
• M. Florent joue du piano et Mlle Davenne joue du violon.	☐	☐

- Les enfants assistent à la projection d'un film de Charlie Chaplin. ☐ ☐

....

- C'est la première fois que les enfants voient ce film. ☐ ☐

....

- Le public ne s'amuse pas beaucoup. ☐ ☐

....

- Le Père Jean garde une attitude austère. ☐ ☐

....

- Le film comprend aussi des séquences qui font rêver le public. ☐ ☐

....

- Dans le film Charlot émigre aux États-Unis. ☐ ☐

....

À partir de l'exercice précédent, reconstruisez la séance de cinéma.

... comment Joseph se fait renvoyer du collège

Reconstruisez les événements en remettant dans l'ordre chronologique les passages suivants :

☐ C'est Mme Perrin qui sort de la cuisine en poursuivant Joseph et en hurlant.

☐ En songeant au film de la veille, les enfants rient.

☐ Il neige. Les enfants jouent dans la cour de récréation. Soudain, ils entendent des hurlements.

☐ Le Père Michel entraîne Joseph dans la cuisine, tandis que le Père Jean observe la scène de la fenêtre de son bureau.

☐ Les élèves sont donc punis et privés de sortie jusqu'à Pâques.

☐ Le Père Jean renvoie Joseph du collège, même s'il n'est pas très convaincu par cette décision.

☐ Le Père Jean convoque des élèves dans son bureau et apprend que leurs provisions personnelles étaient échangées contre des cigarettes.

☐ Elle accuse Joseph d'avoir essayé de voler du saindoux.

... ce qui se passe pendant le cours de M. Guibourg

Lisez la séquence 49 et cochez la bonne réponse :

1. Pendant son cours, M. Guibourg

    a. ☐ annonce la défaite des Allemands.

    b. ☐ annonce le débarquement en Normandie.

    c. ☐ donne des nouvelles de la guerre en marquant la position des armées avec de petits drapeaux.

2. Bonnet

    a. ☐ demande à M. Guibourg s'il peut sortir.

    b. ☐ remarque que quelque chose est en train de se passer dans la cour car il voit Moreau courir.

    c. ☐ affirme que Radio-Paris ment.

3. Soudain la Gestapo fait irruption dans la classe et Bonnet est découvert

   a. ☐ à cause de M. Guibourg.

   b. ☐ à cause d'un regard de Julien.

   c. ☐ car la Gestapo remarque qu'il parle français avec un accent étranger.

4. Muller annonce que

   a. ☐ le collège est fermé et les élèves doivent faire immédiatement leurs valises.

   b. ☐ le collège va continuer ses activités, mais tous les élèves juifs doivent partir.

   c. ☐ la Gestapo va désormais gérer le collège.

5. Quand Julien rencontre Bonnet dans le dortoir, il lui offre

   a. ☐ un livre.

   b. ☐ du chocolat.

   c. ☐ des gants.

6. Julien va à l'infirmerie

   a. ☐ pour voir Négus.

   b. ☐ pour apporter son sac à Laviron.

   c. ☐ pour se faire soigner.

7. À l'infirmerie, les Allemands arrêtent

   a. ☐ Moreau.

   b. ☐ Négus.

   c. ☐ l'infirmière.

8. En sortant de l'infirmerie, Julien rencontre

   a. ☐ Joseph.

   b. ☐ Joseph avec un Allemand.

   c. ☐ François avec un Allemand.

... le dénouement de l'histoire

- Qui a trahi les moines ?
- Pourquoi ?
- Quand est-ce que Julien rencontre ce personnage ? Racontez cet épisode en quelques lignes.
- Que font les enfants dans la cour ?
- Comment est-ce que les Allemands les « trient » ?
- Que voulaient faire les trois petites filles arrêtées par les Allemands ?
- Quelle est, selon Muller, la force du soldat allemand ?
- Comment le Père Jean salue-t-il les enfants ? Quelle valeur donnez-vous à cette phrase ?
- Comment les élèves lui répondent-ils ?
- Comment Julien salue-t-il son ami Bonnet pour la dernière fois ?

Analysons le texte

1. L'amitié est née.

Julien et Bonnet sont devenus amis. Retrouvez dans le texte les épisodes qui le font comprendre. Pour vous aider, remplissez la grille à la page 161.

Séquences	Circonstances	Preuves de l'amitié
37	Après le restaurant	
39	Après le dîner, avant le film	
40	Au réveil	
41	Aux lavabos	
42	Dans la cour	
44	Dans la chapelle	
45	Dans la salle de musique	
46	Dans la cour pendant le bombardement	
47	Dans la cuisine	
48	Dans le dortoir	

2. Le personnage de Joseph.

• Qu'est-ce qui l'a poussé à dénoncer le Père Jean et les élèves juifs ?

• A-t-il des circonstances atténuantes ?

• Pourquoi le Père Jean n'a-t-il puni que lui ?

• Quelle est votre opinion sur lui ?

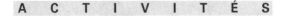

Travaillons sur la langue

- Sélectionnez dans cette liste tous les mots et expressions appartenant au champ lexical du cinéma :

☐	écran	☐	images
☐	table	☐	préface
☐	soirée	☐	titre
☐	séance	☐	gags
☐	voiture	☐	scènes
☐	projecteur	☐	acteur
☐	projet	☐	écrivain

- Retrouvez dans le texte les expressions qui se réfèrent aux situations suivantes et complétez :

  - C'est un garçon qui a beaucoup de problèmes et, s'il ne parle pas, c'est que ....

  - Il voudrait .... et s'engager dans la Résistance.

  - Quand ils se sont rencontrés pour la dernière fois, leurs regards ....

  - Quand le Père Jean a découvert que Joseph était un voleur, il l'a ....

  - Personne n'était sûr de ce qui se passait, mais .... se répandaient sur les derniers événements.

- Complétez ces phrases avec le verbe qui convient :

chahuter | chuchoter | se ruer | cliqueter | claudiquer

- Pour ne pas se faire entendre par les Allemands, Julien .... quelques mots à son camarade.
- Furieux, il .... sur Joseph et le jette à terre.
- Dans l'obscurité de la salle de cinéma, on entend .... le projecteur.
- Joseph s'éloigne en ....
- Les enfants entrent dans la chapelle en ....

Discutons ensemble

- Avez-vous ou avez-vous eu un ami d'une autre religion que la vôtre ? Racontez cette expérience.
- Comment avez-vous découvert le cinéma ? Quel genre de film préférez-vous ?
- Racontez en quelques lignes le dernier film que vous avez vu ou bien celui qui vous a le plus frappé.
- Pourquoi, à votre avis, l'auteur a-t-il décidé de raconter cet épisode de son enfance ?
- Expliquez le titre du film dont vous avez lu le scénario et soulignez son importance.
- Choisissez une ou plusieurs séquences et mettez-la/les en scène avec vos camarades.

Les Juifs

La persécution des Juifs dans le monde remonte à l'époque romaine (sous l'empereur Constantin, 325 après J.-C.). Brimés dans l'empire byzantin, les Juifs n'ont pas eu non plus une vie facile en Europe occidentale.

Persécutés par l'Inquisition en Espagne au XIVe siècle, ils quittent la péninsule ibérique au XVe siècle. Les Juifs immigrés en Grèce, en Turquie et en Palestine sont assez bien accueillis dans ces pays tandis que de nombreux autres se réfugient en France, sur la côte atlantique. Beaucoup de ceux qui ont rejoint la Grande-Bretagne s'embarquent pour le Nouveau Monde.

En Europe occidentale, c'est surtout la féodalité qui a restreint considérablement la liberté des Juifs. C'est ainsi qu'ils n'ont plus le droit de posséder des terres ni d'exercer des métiers qui dépendent des corporations. En France au XIIIe siècle, brimés, expulsés, spoliés et taxés, ils vont même devoir porter la rouelle, c'est-à-dire un insigne jaune en forme de roue. L'Église va cultiver auprès du peuple l'image du Juif usurier impitoyable (l'usure étant une des activités qu'il leur soit permis d'exercer !) et de connivence avec les démons et les lépreux.

L'épidémie de peste qui ravage l'Europe au XIVe siècle est l'occasion de massacres de Juifs accusés, avec les lépreux, d'être responsables de polluer les sources et les puits.

Dans l'Italie fragmentée en nombreux petits états, les Juifs vivent relativement bien puisqu'ils peuvent passer d'un état à un autre en cas de persécution et on peut retenir qu'ils participent librement à la vie économique des cités italiennes. Avec l'influence de la contre-réforme, les tracasseries contre les Juifs s'amplifient et bien qu'ils aient depuis longtemps des quartiers à eux, ils sont tenus de rester dans des quartiers spéciaux appelés *ghettos*, comme à Venise, par exemple, au XVIe siècle. L'origine du mot « ghetto » vient probablement du verbe vénitien « ghetare » (en italien « ghettare » : fondre les métaux), le grand quartier réservé aux Juifs dans la ville des doges au XVIe siècle étant une ancienne fonderie.

Au XIXe siècle, l'émancipation légale des Juifs en Europe est faite. Ils se vouent à l'industrie, au commerce et exercent des professions libérales. En France, ils s'imposent dans la vie économique et contribuent au développement industriel. Citons des banquiers tels que Rothschild ou Pereire. Leur succès explique cependant en partie la vague d'antisémitisme qui monte.

À la fin du XIXe siècle, avec l'affaire Dreyfus ou « l'Affaire », la France est divisée en deux : dreyfusards et anti-dreyfusards. Rappelons le célèbre éditorial « J'ACCUSE » dans le journal *L'Aurore*, de l'écrivain Émile Zola, défenseur de l'officier israélite injustement accusé, qui fit de grands remous.

Après la Première Guerre mondiale, l'antisémitisme grandit surtout en Europe orientale (Pologne, Autriche, Hongrie...) mais c'est dans l'Allemagne nazie à partir de 1933 que la persécution des Juifs se fait la plus odieuse.

Avec la Deuxième Guerre mondiale, les persécutions augmentent tandis que l'Allemagne étend son champ d'action. En France, le gouvernement de Vichy décrète les premières lois discriminatoires contre les Juifs. On leur interdit, en effet, de sortir après 20 heures, de se réunir ou de fréquenter des lieux comme les salles de spectacle, d'occuper des emplois publics. L'administration encourage la délation et les Juifs sont spoliés de leurs biens.

À partir du 28 mai 1942, les Juifs sont contraints de porter sur leurs vêtements l'étoile jaune, souvenir de la rouelle imposée au Moyen Âge.

C'est encore en 1942 que les nazis décident de la « solution finale », soit de l'extermination totale des Juifs dans des camps tels que Auschwitz, Dachau, Mauthausen...

À la fin de la guerre, le monde découvre, horrifié, la réalité des

Deux jeunes filles juives portant l'étoile jaune, à Paris.

camps. Un jeune cinéaste, Alfred Hitchcock, filme cette atrocité, conscient de devoir apporter des documents et des preuves de l'existence de cette infâme page d'histoire. Dans ces camps, 6 millions de Juifs, mais aussi d'innombrables prisonniers politiques et un demi-million de Tziganes, furent exterminés.

« Le jour où les peuples auront compris qui vous étiez, ils mordront la terre de chagrin et de remords, ils l'arroseront de leurs larmes et vous élèveront des temples. » Vercors

La dictature de Hitler

La crise économique et sociale qui caractérise l'Allemagne après le premier conflit mondial favorise le développement du parti national-socialiste de Hitler, créé en 1920, qui devient en 1932 le premier parti. Soutenu par les conservateurs, les catholiques et les industriels qui voient en lui la personne capable de résoudre la crise du pays, Hitler arrive au pouvoir légalement en 1933 quand il est nommé chancelier par le président de la République Hindenburg. À la suite de la mort du président en 1934, Hitler obtient les pleins pouvoirs. Il peut ainsi instaurer une dictature. Les syndicats sont dissous et les partis supprimés. Les opposants sont enfermés dans des camps de concentration. Les Juifs, considérés responsables de tous les problèmes de la société, sont exclus, en vertu des lois de Nuremberg, de secteurs tels que l'armée, l'administration, la banque, la médecine, le commerce.

À partir de 1938, Hitler entreprend une politique antisémite ayant comme but l'élimination radicale des Juifs. Il souhaite créer un État raciste et autoritaire, qui doit assurer la domination des Allemands sur les autres peuples, selon une thèse qu'il avait exprimée dans son livre *Mein Kampf*.

La Seconde Guerre mondiale

À la suite du traité de Versailles (1919), l'Allemagne, humiliée par les conditions qui lui avaient été imposées, réagit en créant une armée forte. Le 12 mars 1938, Hitler annexe l'Autriche (l'*Anschluss*) et envahit la Tchécoslovaquie et la Pologne l'année suivante. C'est le 2 septembre 1939 : la guerre commence. La France et l'Angleterre, liées à la Pologne par un accord qui les engage à intervenir en sa défense, déclarent la guerre à l'Allemagne. Toutefois leur intervention n'est pas efficace et la Pologne est écrasée. Hitler se tourne alors vers l'Est et la France, pendant plusieurs mois, reste dans une position défensive. En mai 1940, les Allemands attaquent la Belgique, les Pays-Bas et le Luxembourg, franchissent la Meuse et pénètrent en France.

Le 7 décembre 1941, le Japon, qui se range aux côtés de l'Allemagne et de l'Italie, bombarde la flotte américaine à Pearl Harbour. Les États-Unis répliquent en entrant en guerre.

En 1941 l'Allemagne envahit l'URSS.

Le conflit concerne désormais plusieurs pays : d'un côté les forces réunies au sein de l'*Axe* (Allemagne, Italie et Japon), de l'autre les Alliés (Angleterre, France, Russie et États-Unis).

Le 8 novembre 1942, les troupes alliées débarquent en Afrique du Nord et en 1943 les Anglais repoussent les Allemands en Lybie. En juillet 1943, les Américains débarquent en Sicile, atteignent Rome et repoussent les Allemands. Pendant ce temps, les Russes arrêtent l'ennemi à Stalingrad.

Les Allemands à Paris.

En 1943, la Corse est libérée et le 6 juin 1944 les Alliés débarquent en Normandie et reprennent aussi le Bassin parisien. Un second débarquement en Provence permet la libération de Toulon et Marseille. Après la libération de Paris, les alliés progressent vers l'Est à travers la Lorraine et l'Alsace. En 1945, les Allemands sont définitivement chassés de l'extrême nord de l'Alsace.

À l'ouest de la France, les Allemands tiennent encore les régions de Brest, Saint-Nazaire, La Rochelle, Rochefort et Lorient qui tomberont avec la capitulation du Reich le 8 mai 1945.

Le gouvernement de Vichy

Le maréchal Pétain devient président du Conseil le 16 juin 1940 et le 22 il signe à Rethondes (dans le même wagon-salon où fut signé l'armistice du 11 novembre 1918) l'armistice avec les Allemands. Il y a donc désormais la France occupée et la France du gouvernement de Vichy.

Le 10 juillet, le Parlement donne les pleins pouvoirs au maréchal qui peut ainsi modifier la Constitution. Il décrète la fin de la IIIe République et donne naissance à l'État français, dont il devient le chef. Pierre Laval, son bras droit, prend la tête du gouvernement qui s'installe à Vichy et, après avoir rompu les rapports avec l'Angleterre, entreprend une politique favorable à l'Allemagne. Le 24 octobre 1940, Pétain n'hésite pas à serrer la main à Hitler à Montoire et officialise, avec ce geste, sa collaboration avec les Allemands.

Le nouveau régime proclame le retour aux valeurs traditionnelles : famille, patrie, travail. La société est réorganisée. Les Français considérés hostiles au pouvoir, c'est-à-dire les communistes, les syndicalistes et les Juifs, sont internés. Les conquêtes des travailleurs de 1936 sont effacées, les syndicats sont dissous et le droit de grève est supprimé.

La vie des jeunes est organisée à l'intérieur des « Compagnons de France » et des « Jeunes du maréchal », tandis que pour les adultes on donne vie à une organisation paramilitaire, le S.O.L. (Service d'Ordre Légionnaire).

En octobre 1940, Philippe Pétain fait appel aux Français en les invitant à la collaboration avec les Allemands.

La situation devient de plus en plus grave et les arrestations de personnages célèbres comme Pierre Mendès France, Léon Blum, Jean Moulin..., se multiplient.

De Gaulle s'adresse aux Français depuis Londres.

Du point de vue économique, la France se met au service de l'Allemagne, en lui destinant sa production et en lui fournissant des travailleurs à travers le système du S.T.O. (Service du Travail Obligatoire). De nombreux Français réagissent, refusent de se rendre en Allemagne et rejoignent les résistants. Des syndicats tels que la C.G.T. et la C.F.T.C. renaissent clandestinement. Les résistants sont soutenus par les populations rurales et multiplient les actions de sabotage.

Le régime de Vichy encourage la collaboration avec l'ennemi, au niveau militaire aussi avec la L.V.F. (Légion des Volontaires Français) qui combattent aux côtés des Allemands.

Depuis Londres, où il s'installe en 1940, le général de Gaulle organise l'action des Français qui n'acceptent pas le régime de Pétain.

Des volontaires qui fuient la France rejoignent les forces françaises en Angleterre. Sur le continent, Radio-Londres diffuse pendant quatre ans, de 1940 à 1944, des émissions destinées au grand public ainsi que des messages codés pour les résistants.

La Résistance

Dans la France de 1940, la Résistance n'est pas encore une réalité. Ceux qui ont le courage de s'opposer aux Allemands sont peu nombreux. Quelques tracts sont diffusés clandestinement mais il n'existe pas pour le moment des groupes organisés. C'est Jean Moulin qui s'occupe de l'organisation des groupes qui naissent peu à peu de 1940 à 1942.

Imprimerie clandestine dans une cave d'un quartier parisien.

Jeune préfet, révoqué par le gouvernement de Vichy, Jean Moulin collabore avec Henri Frenay, créateur d'un réseau de résistance dans le Sud de la France. Il se rend successivement à Londres où il convainc le général de Gaulle de la nécessité d'une œuvre d'unification de la Résistance. De retour en France, il se met en communication avec les chefs des différents groupes et réussit à créer, en 1943, le C.N.R. (Conseil National de la Résistance). À la suite de la création du S.T.O. en 1943, de nombreux Français refusent d'aller travailler en Allemagne et les groupes de résistance s'amplifient. C'est l'époque où le résistant Vercors publie clandestinement son célèbre roman *Le Silence de la mer* qui circule en secret et remporte un énorme succès.

Les résistants multiplient leurs actions mais, à cause des délations, nombre d'entre eux sont arrêtés.

À la suite de l'arrestation du général Delastraint, chef d'une Armée secrète des résistants, Jean Moulin, appelé Max en hommage au poète Max Jacob, convoque les représentants des différents mouvements du C.N.R. dans une villa sur la Saône.

Les Allemands, prévenus, arrêtent tous ceux qui sont présents. Jean Moulin est torturé par des soldats de Klaus Barbie et meurt peu après.

Toutefois, les efforts des résistants n'ont pas été vains. Les Allemands échouent dans leur dessein d'éliminer un mouvement qui acquiert de plus en plus de force.

Des résistants sabotent une voie ferrée.

La structure d'un film

La structure d'un film comprend plusieurs éléments :

– Le **scénario**, c'est-à-dire le texte des dialogues. Le scénario comprend plusieurs séquences, c'est-à-dire des segments de l'histoire de durée inégale.

Ceux-ci sont reliés entre eux de façon différente :
- par ordre chronologique ;
- sous la forme de flash-back (retour en arrière) ;
- par une idée de simultanéité.

– Le **cadrage**, c'est-à-dire le type d'image que le metteur en scène choisit pour représenter la séquence. Chaque séquence est découpée en plans, chacun ayant un type de cadrage différent :

par exemple, la plongée avec la caméra placée plus haut par rapport au sujet à filmer, et la contre-plongée avec la caméra placée plus bas.

– Le **montage**, c'est-à-dire l'opération qui consiste à mettre ensemble les images des différentes séquences et des différents plans.

Réaliser un film est un travail à la fois difficile et passionnant qui permet, à partir d'un scénario et grâce aux images, de recréer tout un monde, grâce également au talent des acteurs et du metteur en scène.

Table des matières